トラブルに備える

飲食店の危機管理【対策マニュアル】BOOK

料理・店舗の危機管理　神村　護
危機管理の接客サービス　赤土亮二
危機管理の法律対策　石﨑冬貴

旭屋出版

目次

目次

第1章

料理・店舗の危機管理

ＮＲＤ研究所主宰　神村護

【著者プロフィール】

ＮＲＤ研究所主宰。飲食コンサルタント。1967年株式会社不二家入社。関連事業部で新業態開発に従事。78年に株式会社不二家を退社。96年ＮＲＤ研究所を設立。電化店舗の業態開発を中心に店舗プロデューサーとして業態開発・店舗開発などに取り組んでいる。

■連絡先
煌（きらめく）
住所／大阪府大阪市北区中之島6-2-27
　　　中之島センタービルB1
TEL 06-6447-2442

1 食中毒に対する危機管理

1 衛生管理に対する全員の意識を高める

飲食店にとって危機管理は多岐にわたるが、最も重要なのは食中毒に対する危機管理である。「食」に携わる者として、「食」の安全・安心、衛生管理を徹底的に追及するのは当然で、これを怠ることは店の存亡に関わることになる。

飲食店で食品衛生において重要なのは、目に見えにくい細菌やウイルスなどを残存させないための「予防」である。

基本は、「食中毒予防三原則」の徹底。食中毒菌を①つけない②増やさない③やっつける。最近では、ＨＡＣＣＰ（ハサップ）（＝Hazard Analysis Critical Control Point「危害分析重要管理点」）を食品工場だけでなく、飲食店にまで広めようとする傾向も高まっている。ＨＡＣＣＰとは、微生物の汚染や金属等の混入危害を予測し、どう対策をとるか継続的に監視・記録する衛生品質管理システムのことをいう。食中毒などを引き起こす可能性の高い要因を事前に見つけ出し、科学的に対応するもの。これまで抽象的で感覚的だった予防を、より科学的根拠に基づいて行う機運が高まっている。

だが、HACCPを導入しても、それを実行する飲食店の経営者や従業員の安全対策や衛生管理に対する意識が徹底されていなければ、意味をなさない。食中毒に対する危機管理を行う上で、最も重要なのは経営者をはじめ、従業員全員の衛生管理に対する高い意識なのである。経営者や店長などの責任者だけでなく、店で働く全従業員が衛生管理の知識を身に着け、実践していくことが重要なのである。

2 手洗いの徹底的な励行が、食中毒予防の基本

食中毒は、細菌やウイルスによるところが大きい。そして、それらの汚染源は恐ろしいことに、調理師や従業員によって運ばれていることが多い。調理師やサービス係の手についたものが料理に移り、食中毒が起こるのである。だから基本である「食中毒予防三原則（食中毒菌を①つけない②増やさない③やっつける）」を徹底することが重要だ。

ウイルスは感染力が強いので、恐ろしい。ウイルスの対策で重要なことは、仕事場だけでなく、普段からの私生活でも体調管理に気をつけることだ。普段から最低限、①帰宅後

のうがいと手洗い②毎日の入浴、洗髪③下着の取り替えと清潔な衣服の着用④具合が悪いと思ったら、すぐに医者に診てもらうことを守る必要がある。

細菌対策は、手洗いに尽きる。二次汚染（交差汚染・相互汚染）の防止を目的とする。飲食業で起きる食中毒の8割以上は、二次汚染で起きるといわれているからだ。飲食店の調理師や従業員は、仕事を始めるまでにいろいろな物や食品・食材に触れたり、トイレにも行く。その間にいろいろな細菌やウイルス、寄生虫が手につく可能性が高い。そのまま調理や店の仕事を行えば、料理が汚染され、食中毒を引き起こす。こうした原因の食中毒を防ぐために、最も重要なのが手洗いの徹底なのである。手を洗うことで、汚染物質や病原微生物を洗い流すことができるからである。

手の洗い方は、次の手順で行うのが有効だ。

1.流水で手を洗う。

2.液体石鹸を手に取り、両手のひらで泡立てる（※固形石鹸は二次汚染のおそれがある）。

3.手のひら・指の腹面→手の甲・指の背→指と指の間（側面）とつけ根→親指・親指のつけ根のふくらみ部→指先・爪と皮膚の間→手首の順で洗う。

4.洗浄剤を流水で洗い流す（※目安として20秒間）。
5.使い捨てタオル（ペーパータオル）で拭く（※蓋付きの足ペダル式ゴミ箱を用意）。
6.よく乾燥させる。
7.最後に手洗い専用のアルコール液で消毒する。

②～④までの2度洗いが効果的。手袋をはめて調理する場合も、手洗いを行ってから手袋を装着することを忘れずに。

3 食中毒の種類を理解する

下痢や嘔吐には、食中毒または食あたりの二通りが原因と考えられる。食あたりの原因は暴飲暴食や消化不良、傷んだ食物の摂取などが原因で、店側に問題はない。問題なのは、食中毒を原因とするものである。

食中毒は、細菌やウイルス、有害物質によって引き起こされるが、特に細菌やウイルスによるものは、大きく分けて7種類ある。以下、それぞれの特徴と症状、対策をみる。

①サルモネラ菌

■特徴：家畜や鶏の腸管内に生息。糞便から食材、飲料水等が汚染される。低温や乾燥に強い。熱や消毒には弱いが、少量でも発症する菌が増殖する。

■症状＝悪心、嘔吐、腹痛、下痢、発熱など。

■原因＝加熱が不十分な肉や魚、卵。

■注意する料理＝生卵や卵料理、レバ刺し、牛肉のたたき……など。

■対策＝鮮度の良い食材を使う。中心の温度（芯温）を75℃以上で1分以上加熱する。手洗いをこまめに行う。

②黄色（おうしょく）ブドウ球菌

■特徴：人由来の代表的な食中毒菌。エンテロトキシンという毒素を作り出す。この毒素は100℃で30分加熱しても分解されず残るため、なかなか食中毒を防ぐことはできない。

■症状＝激しい悪心と嘔吐。腹痛、下痢を伴う急激な胃腸炎。

■原因＝皮膚や口、鼻に存在する菌で、キズやニキビなどに触れた手による調理。また、料理を加熱した後でも手作業時に付着する危険も。

■注意する料理＝素手で握るおにぎり、弁当、巻きずし、調理パン……。

■対策＝十分な手洗い。手にキズやケガを負ったら、調理をしない。手袋などをはめ、直接食品には触れない。

③腸炎（ちょうえん）ビブリオ菌

■特徴：海中や海底など塩分のある環境で増殖する菌で、真水や熱に弱い。高齢者や抵抗力の弱い人は重症化し、死に至ることも。
■症状＝激しい下痢と腹痛。発熱や嘔吐も。
■原因＝生魚や貝に生息。
■注意する料理＝刺身、すし
■対策＝魚介類は真水でよく洗う。食品を冷蔵庫で保存する。

④カンピロバクター

■特徴：鶏や牛の家畜やペットなどの動物の腸管内に存在。感染力が強い。また、飲料水や野菜も保菌している可能性があり、そこから感染することも。
■症状＝嘔吐、下痢、腹痛、発熱、悪心、頭痛
■原因＝十分加熱していない焼き鳥、きれいに洗っていない野菜、井戸水や湧き水
■注意する料理＝焼き鳥、鶏肉の刺身、生野菜
■対策＝十分に加熱する。野菜をきれいに洗う。食肉と他の食品の調理では、包丁やま

な板などの調理道具を変える。

⑤**腸管出血性大腸菌（O157、O111など）**

▪特徴：動物の腸管内に生息。ベロ毒素を出し、臓器に付着する。わずかな菌でも感染力が強く、潜伏期間が1日〜10日と長い。

▪症状＝激しい腹痛、下痢、血便など。重症化すると、脳症などの合併を起こすこともあり、死に至ることもある。

▪原因＝十分加熱されていない肉、十分洗っていない野菜、井戸水や湧き水。

▪注意する料理＝焼き肉、牛レバ刺し、ハンバーグ、ローストビーフ、生野菜。

▪対策＝芯温75℃以上の十分な加熱を行う。野菜をきれいに洗う。調理器具の洗浄、消毒、乾燥。肉とその他の食材で調理道具を分ける。手洗いを徹底する。店内で感染が疑われた人が出た場合、二次感染を防ぐためにトイレのノブなどの消毒を行う。

⑥**ノロウイルス**

▪特徴：ヒトの腸管内に生息。感染力が非常に強く、少量のウイルスで感染・発症する。殺菌もむずかしい。ウイルスはヒトの体内でのみ増殖。カキによる感染がよく知られるが、生や十分に加熱していない二枚貝を食べた場合や、ウイルスに汚染した水道水や井戸水を飲んで感染することもある。二次感染する恐れもあるので、吐（と）しゃ物などの事後処理も重要になる。

■症状＝下痢、嘔吐が主で、腹痛、頭痛、発熱、悪心、咽頭痛、筋肉痛を起こす。

■原因＝加熱不十分なカキ、アサリ、シジミなどの二枚貝。ウイルスに汚染した水道水や井戸水。

■注意する料理＝生ガキなど二枚貝の料理。

■対策＝85℃以上で1分間以上加熱する。食中毒にかかった人の便や吐しゃ物からの二次感染を防ぐために、触れてしまった場合は石鹸で丁寧に手洗いをする。

⑦E型肝炎ウイルス

■特徴：肝臓で増殖し、糞便中に排出され、食品中では増殖しない。国内ではブタ、イノシシ、シカなどからE型肝炎ウイルスが検出されている。

■症状＝発熱、悪心、腹痛など。

■原因＝加熱不足の豚肉、豚肉の内蔵・レバー、イノシシ、シカの肉。さらに海外の地域によっては、水や生ものによるものも。

■注意する料理＝豚レバ刺し、豚肉料理、イノシシ料理、シカの刺身。

・対策＝中心まで十分に加熱する。

4 ユニフォーム・調理服の着用と交換を

身だしなみには普段から注意する。食中毒だけでなく、異物混入の防止対策としても効果があるからだ。爪もきれいに切りそろえておく。

職場でのユニフォームやエプロン、帽子、調理場専用の履物の着用は、食中毒などを引き起こす菌や有害物質による外気からの汚染を防ぐ上で、大切なことである。だからこそ、常にきれいなものを着用する。汚れたらすぐに交換ができるように複数着を用意しておく。常に粘着ローラーで制服の肩を中心に抜け毛やホコリを取り除く。帽子や三角巾は、髪の毛が出ないように着用する。

次に重要なことは、食中毒菌などが付着しないよう衛生的にするために、ユニフォーム等の交換である。厨房で着用するユニフォームやエプロン、帽子、調理場専用の履物のまま厨房外に出てはならない。やむなく外出するときは、私服に着替える。

トイレに行く際は、ユニフォームやエプロン、帽子、さらには履物をすべて脱いで、指定の場所に保管する。ここで問題になるのが、トイレに行って戻ってくる時だ。トイレには汚染物質や病因物質、異物が存在する可能性が高い。そうした危険を店内や調理場に持ち込まないために、再び店や調理場に入る時は手をよく洗い、消毒し、保管した調理服やエプロン、帽子を着用し、履物を履き替えることが衛生管理上、重要だ。

また、ユニフォームやエプロンは汚れるもの。汚れたユニフォームやエプロンのまま調理作業などを行い、そのままにしておけば、雑菌が付着したり、繁殖するおそれがある。経営的に余裕があれば、店側が定期的にクリーニングを出すよう決めておく。見た目の清潔さやユニフォームがきれいなことは重要。清潔できれいな装いは、お客の目から見ても衛生的に見えるものだから。

5 指輪・腕時計など装飾品の装着は禁止

調理場で指輪やイヤリング、ピアス、ネックレス、腕時計などの装飾品をしたままでの作業は、衛生上、非常に大きな問題である。衛生上の汚染源になるだけでなく、異物混入のおそれもある。回避するためには、調理場に持ち込んではいけないものをそれぞれの職場で決めておこう。

指輪は、はめたままで長時間の水仕事をしていると、指と指輪の間にヘドロのような状態で雑菌が溜まり、それが食材や料理に付着する危険がある。腕時計も同様だ。イヤリングやピアス、ネックレスは外気の雑菌などを調理場に運び入れることにもなりかねない。

どのような理由があろうとも、汚染源または異物混入になりうるものの持ち込みは慎みたい。調理の仕事では、指輪やイヤリング、ピアス、ネックレス、腕時計などの装飾品を外すことを義務づける必要がある。原則として、あらゆる個人の私物を、調理場や厨房に持ち込まないというルールをそれぞれの職場で決めるべきだ。自分の振る舞いや身なりが、お客からみて不快感を与えるかどうかの基準を見つめ直す上でも、効果的だ。

6 ケガやキズを負ったら、調理は厳禁

飲食店従事者、特に調理に携わる人は、包丁で指を切ったり、ヤケドなどでケガをする可能性が高い。そういう場合、指に絆創膏や包帯で応急措置をし、そのまま調理作業を続けている姿をよく見かける。だが、この行為は食品衛生上、厳禁である。昨今の市販されている道具や用具が良質だからといって、過信してはいけない。気がつかないうちにここから二次汚染の可能性は高い。そこで、こうした調理作業中にケガやキズを負った場合は、次のことを守るようにする。

①該当者が調理担当であれば、その作業から外す。
②人員の代替が効かず、ケガが軽度であっても、手袋をしての作業はさせない。手袋をしての作業は絶対にしない方がよい。手にケガやキズを負っている姿を、お客様が見たらどう思うかを念頭におくことが大切だ。
調理を行う場合は、ケガやキズを完全に治してから再開するようにする。

7 風邪や下痢の症状が出たら、出勤を禁止

飲食店で働いている従業員が注意しなければいけないことは、本人だけでなく、同居する家族などにも嘔吐や下痢、腹痛、発熱等の症状が出た場合だ。下痢の症状には食中毒の疑いもある。また、冬場の激しい嘔吐であれば、ノロウイルスの可能性も出てくる。

自分と同様、同居する家族などの健康に配慮が必要だ。

①風邪などの症状がみられる
②37℃以上の熱がある
③下痢の症状がある
④嘔吐がある

⑤腹痛がある
⑥同居人に上記症状がある

などを予見したら、従業員であれば必ず職場責任者に報告する。職場責任者は出勤しなくてもよいことを告げる。

昨今、人手不足を理由に無理に出勤させてしまうケースも珍しくない。また、従業員も自分が出勤しないと店に迷惑をかけると思いがちだ。特に下痢の症状があるぐらいでは、「食べ過ぎ」が「ちょっと傷んだものや腐りかけのものを食べたから」か、と軽く考えやすく、店長や上司に報告しない人が多い。それが店に食中毒問題を起こすことにつながる危険がある。そうならないためには常日頃から申告できる職場内の雰囲気づくりも大切だ。必ず「自己申告」させ「出勤禁止」もしくは「退社」させるようにする。

症状が出ていない患者を不顕性（ふけんせい）感染というが、ノロウイルスには2割前後存在するといわれる。病院でノロウイルスの検査を受診し、陰性の確認が取れたら出勤させるようにする。

8 定期的な検便も必要

食中毒の原因となる細菌やウイルスは、外から持ち込まれるだけでなく、店で働く経営者や従業員、パート、アルバイトなどのスタッフが保有し、そこから感染することが少なくない。そこで重要になってくるのが、採用前と年1回以上の健康診断、そして検便（腸内細菌検査）だ。

労働安全衛生法第66条によれば、事業者は労働者に対して、医師による健康診断を実施しなければならない。また、労働者は、事業者が行う健康診断を受けなければならない。費用は企業負担ではあるが、従業員の健康状態を会社が把握しておくことも大切な危機管理である。

検便において法律的には「大量調理施設衛生管理マニュアル」にある通り、集団学校給食施設のような「同一メニューを1回300食以上又は1日750食以上提供する調理施設」には、定期的な健康診断と月1回以上の検便が義務づけられている。また、大量調理施設や食品製造施設は毎月の検便が必要である（「学校給食衛生管理基準」では毎月2回以上の検査を必要とする）。

その他の施設では、条例や保健所によってばらつきがある。飲食店の場合は、保険所など公的機関からの検便の指示がないかぎり、法的義務はない。だが、仮に大手飲食チェーン店のうちの1店から食中毒が出てしまったら、チェーン店全体のイメージが傷つき、大きなダメージを受けることになる。検便は、自覚症状はなく、食中毒菌を体内に保菌している「健康保菌者」の早期発見に役立つ。検査義務がない場合でも、できるかぎり検便を実施したい。

2 食材に対する危機管理

1 仕入れルートをチェックする

飲食店の危機管理の中で、食材管理も食中毒を起こさないための基本である。まず、食材の仕入れについての管理が重要だ。特に、仕入れルートのチェックが大切である。現在、BSE問題から牛肉はトレサビリティ（生産履歴追跡可能性）が重視されるようになっている。他の食材についても同様に仕入れルートの管理が必要なのである。その管理とは以下のものだ。

原材料については、

①品名
②仕入れ元と生産者（製造または加工者含む）の名称および所在地
③ロットの確認可能な情報と仕入れ年月日

以上のチェック項目をを記録し、1年間保管しておく。

また、できれば納入業者が定期的に行う微生物および理化学検査の結果を提出してもらい、その検査結果も1年間保管する。

つまり、これらが可能な最も安全な正規ルートで、信頼のおける業者と取引することが重要だ。

さらに、原材料の納品時は、必ず調理従事者が立ち会うこと。搬入専用口を設け、所定の検品場所で品質、鮮度、品温、異物の混入等の点検を行い、その結果を毎回記録することを徹底する。

特に、一日の使用量がそれほど多くない中小規模店は、食肉類、魚介類、野菜類等の生鮮食品に関して、大量に仕入れず、3日分を目安に仕入れるとよい。きちんとした仕入れを行えれば、利益も上がりやすくなる。飲食店経営において、仕入れが占める比重は大きい。

2 食材の段ボール箱の底は危険がいっぱい

仕入れ時にありがちな危険が、納品の荷姿だ。まず徹底したいのは、業者が持ち込む食材の入った段ボール箱や発泡スチロールなどを、そのまま調理場や厨房などへ持ち込ませないこと。荷姿の外側に付着した汚れや害虫・微生物などの持ち込みを避けるためだ。

段ボール箱や発泡スチロールの底は雑菌の温床である危険性が高いのである。ゴキブリの卵が付着率が高く、発生の原因にもなる。

そこで、まな板の上などで開梱作業を絶対にしてはいけない。開梱は所定の場所で行い、また、業者が厨房内に入室する際は、できれば履物を履き替えてもらい、店で用意した白衣と帽子に着替えてもらう。むずかしければ、厨房内手前の入口を納品場所に。段ボール箱の外側は雑菌だらけなので、必ず食材を専用容器に移し替え、所定の場所に保管する。また発泡スチロールもそのままだと、冷気を遮断するおそれがある。

業種業態によって食材の管理が違うので、納品業者には食材だけを置いて帰ってもらうとよい。開梱し終わった段ボール箱を持ち帰ってもらうようにする。店側としても有料のゴミを減らせるのだから好都合だ。

3 「もったいない」発想の危険

安いからといって、ついつい通常以上に食材を買い込んでしまいがちである。しかし、仕入れに関しては、食材を少量で小まめに仕入れることが重要だ。使い切れる仕入れ管理が基本である。前述したように中小飲食店の場合、3日分くらいの量が適正と思われる。

衛生管理を行う上で大きな問題は、「もったいない」という発想である。「もったない」発想は、飲食店経営・原価管理する上で本来、大切な発想である。仕入れた食材を使い切れず、無駄にすれば原価は上がり、利益の損失になる。しかし、これは「捨てることは『もったいない』」につながり、消費期限や賞味期限を過ぎた食材や変色した生鮮食品も何とか使おうとする危険が生まれる。これが店側にとって大きな損害を与えることになる。料理の味を落とすだけでなく、食中毒を引き起こす原因にもなるからである。

つまり、「もったいない」という発想はやめて、捨てることが重要。たとえ無駄になっても、消費期限や賞味期限を過ぎ、鮮度が落ち、変色した食材を絶対に使ってはいけない。これを回避するために、使い切る量を仕入れるというわけだ。特に生鮮食品は重要。小規模店

店名

	単位	単価	数量	金額
豚バラスライス	kg	725		
鶏もも冷凍	P	700		
豚肩ロース	kg	650		
和牛スジ	kg	800		
BT無頭海老21/25	P	1500		
BTムキ海老31/40	kg	2500		
米	10kg	4130		
絹豆腐	丁	100		
玉子	c/s	1850		
ちくわ(冷)	本	29		
こんにゃく	丁	45		
厚揚げ	ケ	33		
ごぼ天	本	29		
合びきミンチ	kg	600		
手羽元	P	800		
胡麻団子		465		
杏仁寒天		750		
アイスクリーム		1300		
				0

2018 年 12 月

フード売上	
前棚	
仕入	
今棚	
使用原料	
粗利益	
原価率	

A店棚卸表1

食材管理、原価管理を行う上で、棚卸は重要なものである。下記の棚卸表は、飲食店A店が使用しているものだ。棚卸表はフード用、ドリンク用、総合表の3つに分けられている。月1回棚卸をすることで、前月と今月の在庫チェックで適正な使用量になっているかわかるだけでなく、使ってない食材や消費期限や賞味期限が過ぎた食材がないかチェックすることができる。これが、食材の衛生管理につながるのである。

フード棚卸表　12 月

商品名	単価	数量	金額
ポン酢	本 1370		
胡麻油	本 900		
塩	kg 120		
砂糖	kg 155		
味の素	kg 450		
ホワイトペッパー	本 750		
淡口	本 450		
濃口	本 450		
味醂	本 930		
酢	本 370		
合成酒	本 820		
片栗粉(1kg袋)	袋 220		
天粉	袋 350		
糸花	袋 370		
中華ドレッシング	本 440		
棒棒鶏ドレッシング	本 600		
コールスロードレッシング	本 420		
シーフードワサビドレッシング	本 600		
和風大根おろしドレッシング	本 620		
絞り出しおろしわさび	500g 550		
ざるラーメン	本 650		
ガラスープ	缶 1300		
とんこつ	kg 950		
マヨネーズ	本 270		
デミグラスソース	缶 1300		
ケチャップ	本 350		
リーペリンソース	本 480		
生姜焼きたれ	本		
スタミナ焼きたれ	本		
キス開き	P 460		
穴子開き	P 800		
寿司ネタ(イカ)	P 450		
寿司ネタ(エビ3L)	P 590		
かつおタタキ	kg 960		
大阿蘇鶏タタキ	kg 960		
ロールイカ	P 590		
炭火もも塩焼き	P 720		
たまり	本 740		
ちんげん菜	130		
ベーコン	800		
			0

商品名	単価	数量	金額
エビ焼売	P 690		
肉焼売	P 650		
フカヒレ餃子	P 730		
エビ餃子	P 750		
上海ショウロンポウ	P 420		
海鮮焼売イクラ	P 350		
海鮮ギョウザにら玉	P 760		
ひすい餃子	P 730		
薄紅フカヒレ餃子	P 960		
花えび餃子	P 380		
海鮮大焼売	P 220		
大焼売	P 200		
中華丼	P 168		
麻婆豆腐S	P 130		
モンゴ下足	P 500		
イカ下足揚げ	P 820		
チキン唐揚げ	P 550		
上海塩やきそば	P 130		
甘辛ステーキ	コ 150		
カニコロッケ	ケ 41		
徳用ミニ春巻	P 540		
蓮根はさみ揚げ	P 560		
ウエッジカットポテト	P 490		
肉団子	P 520		
QBBチーズ	本 759		
枝豆	P 140		
冷凍ギョーザ(大)	P 380		
麺	ケ 35		
白菜キムチ	kg 500		
しば漬	P 425		
鳴門の花	C/S 1980		
大豆白絞油	缶 2500		
紅生姜	P 380		
ガリ	P 550		
赤だし味噌	P 270		
花かつお	P 1500		
葱姜油	P 1100		
醤油だれ	9500		
杏仁	400		
マンゴープリン	480		
春巻の皮	615		
			0

A店棚卸表2

A店のドリンク用棚卸表。売れないドリンクが発見でき、無駄な仕入れをなくすことができるので、ドリンクの在庫管理も重要なのである。最後に、フードとドリンクを合わせた総合棚卸表に記入し、正確な原価管理が行えるようになり、無駄をなくし、利益体質を作ることができるようになる。

ドリンク棚卸表　　12 月　　店名

商品名	単価	数量	金額
シーバス・リーガル 700ml	1本 2585		
ロバート・ブラウン スペシャル8年ロイサイズ 300ml	1本 620		
キリンS エンブレム 700ml	1本 1690		
マーテル VSOP 700ml	1本 6795		
カ・ビアンカ)プリマベーラ 赤1.5L	1本 1070		
カ・ビアンカ)プリマベーラ 白1.5L	1本 1070		
紹興酒 花彫 375ml	1本 376		
紹興酒 花彫 180ml	1本 195		
紹興貴酒 375ml	1本 376		
老酒 180ml	1本 195		
桂花陳酒 500ml	1本 625		
山楂酒 500ml	1本 625		
杏露酒 500ml	1本 625		
明治屋 ライム	1本 480		
明治屋 梅	1本 530		
キリン ガスボンベ10kg	1本 2500		
富士山麓	1本 990		
コーヒー	1本 220		
			0

	単価	数量	金額
			0

2018 年	12 月
ドリンク売上	
前棚	
仕入	
今棚	
使用原料	
粗利益	
原価率	

であれば、小出しで仕入れたとしても、仕入れ値はそれほど変わらない。また、在庫管理を行う上で、先入れ・先出しのシステムを作っておくことは必要だ。どの職種にもいえるが、日頃の正確な棚卸は基本である。正確に行っていれば、決して無駄は出ない。

A店棚卸表3

総合・棚卸表

2018	年	12	月

全体売上	0
前棚	0
仕入	0
今棚	0
使用原料	0
粗利益	0
原価率	0.0%

店名

商品名	単価	数量	金額
キリン 生樽20L	1缶 10485		
キリン レモンハイ 樽缶15L	1缶 3750		
キリン 新一番搾り 500ml×20	1c/s 5220		
キリン 新一番搾り 500ml	1本 261		
キリン クラッシックラガー 500ml×22	1c/s 5220		
キリン クラッシックラガー 500ml	1本 261		
キリン 新一番搾り黒 334ml	1本 160		
ツードッグス 瓶 250ml	1本 185		
ジーマ 355ml	1本 210		
キリン 炭酸水 200ml×24	1c/s 1200		
キリン 炭酸水 200ml	1本 50		
カナダドライ ジンジャエール 207ml×24	1c/s 1440		
カナダドライ ジンジャエール 207ml	1本 60		
コカ・コーラ 190ml×24	1c/s 1320		
コカ・コーラ 190ml	1本 55		
トロピカーナ 缶ジュース 250ml×24	1c/s 2280		
トロピカーナ 缶ジュース 250ml×24	1本 95		
キリン ウーロン茶 2L	1本 265		
菊正宗 上撰1.8L	1本 1390		
菊正宗 プリント瓶 180ml×30	1本 170		
大関 辛丹波 330ml×20	1本 290		
大関 山田錦 330ml×20	1本 310		
大阪屋長兵衛 720ml	1本 1210		
日本酒 特選	170		
白波 1.8L	1本 1392		
黒白波 1.8L	1本 1380		
黒白波 900ml	1本 695		
のみいな 1.8L	1本 1170		
のみいな 900ml	1本 684		
角玉 1.8L	1本 1953		
いいちこ スーパー 720ml	1本 1070		
キリン ピュアブルー 700ml×12	1本 720		
キリン 生樽7L	1缶 3670		
			0

4 冷凍・冷蔵食品への過信は危険

冷凍庫や冷蔵庫に対する過信も食材管理の上で大きな問題になる。冷凍・冷蔵しておけば、長期間の保存が可能と信じる飲食店従事者も少なくない。だが、冷凍肉などの場合だと、表面の乾燥や脂肪の酸化による「冷凍焼け」が起こる。また、温度管理が悪ければ、微生物が増殖したり、食品の品質が劣化する可能性もある。冷凍・冷蔵庫のドアの頻繁な開け閉めによる温度変化が要因だ。

冷凍・冷蔵庫の温度を定期的に調べていなかったため、壊れていることに気が付かずに使用しているケースもありがち。そのためにも、庫内温度の温度計を常に確認することが重要だ。正常に動いていなければ、すぐにメーカーへ修理を依頼する。冷凍・冷蔵機能を正常に働かせるためにも、庫内への詰め込みも控えたい。そして、使用した食材の出し入れの日時なども記録しておく。

一般に10℃から60℃の間を「危険温度帯」と呼び、菌が増殖しやすい温度帯だ。中には低温でも増える細菌がいるので、5℃~10℃の温度帯も気をつける必要がある。厚生労働省の食品別の規格基準によると、冷凍食品はマイナス15℃以下で保存し、清潔で衛生的な合成樹脂、アルミニウム箔または耐水性の加工紙で包装して保存しなければならない。冷蔵は10℃以下での保存がめやす。

5 消費期限のチェックを徹底する

加工食品には、「消費期限」または「賞味期限」どちらか一方の期限表示が義務付けられている。傷みやすい食品には、「消費期限」が表示される。メーカーが指定した保存条件で、未開封を条件に期限が決められている。

消費期限は、過ぎたら食べない方がよい期限。定められた方法によって保存した場合において、腐敗や変敗（へんぱい）その他の品質の劣化に伴い、安全性を欠くおそれがないと認められる期限を示す年月日をいう。一方、賞味期限は、おいしく食べることができる期限。定められた方法によって保存した場合において、品質の保持が十分可能であると認められる期限を示す年月日。ただし明記された期限を過ぎた場合であっても、これらの品質が保持されていることがあるものとする、などと定義されている。

危機管理上、仕入れた加工食品における消費期限の追跡は必要だ。法律の規定はないが、安全・安心な、しかもおいしい料理を提供する上で、必要な考え方だ。食材だけでなく、開封後の調味料なども要注意。いつまでに使い切るかを自己判断しないことが肝要だ。

6 水分混入で腐敗する食品保存の危険

細菌は「温度・水分・栄養素」の3要素を必要とする。加熱すると大部分の細菌は死滅し、塩や糖分、Phなどが生存を左右するといわれている。日本の伝統的な保存食には砂糖漬けや塩漬けなどがある。これらは水分活性を管理して細菌を増加させないという、日本ならではの知恵だ。

ここでいう水分とは、細菌に関連するもので、二次汚染を誘発するケースを指す。そのひとつはわずかな湿り気、すなわち湿度である。

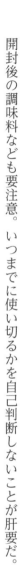

カビの多くは湿度が80%以上から生え始める。そこでカビ対策として、こまめに換気をし、風通しをよくしておくことが大切だ。冷蔵庫・冷凍庫の結露もこまめに拭き取ることで予防できる。

二つ目はスプーンやレードルなどの調理器具などに付着した水滴。使用した調理器具を長時間放置しておけば、細菌の格好の環境となりうる。そのまま次の作業で使えば、菌を増やしてしまう危険がある。必ず使った調理器具はその場ですぐに洗浄し、水滴を拭き取ってから次の作業に移る。

三つめは調理途中の料理や作り置きした料理。例えば、冷め始めたカレールーの中は細菌を生み出す環境になりうる。野菜や肉などの具材から菌が繁殖し、カレー全体を汚染する。予防としてルーと具材を別工程で調理し、注文時に合わせるようにする。

他には床面からの跳ね水も十分二次汚染となりうる。必ず床面から60㌢以上の場所で食品を扱うことを徹底する。

また、調理終了後の食品は、水分を完全に拭き取った衛生的な容器に移し、フタをして保存することが腐敗を防ぐために肝要だ。

3 調理に対する危機管理

1 まな板の危機管理

調理器具は常に清潔な状態で使えるように、日頃から手入れをしておくことが大切である。見た目はきれいでも、内部に浸透した目に見えない細菌類が潜んでいる可能性が高い。まな板については、用途別及び食品別のそれぞれ専用のものを用意する。混同して使用しないように、例えば、下処理では魚介類用、食肉類用、野菜類用で分けるようにする。色付きのまな板も市販されているので、用途別にわかるように活用するとよい。まな板のほか、ざるなど木製の器具は汚染菌が残存する可能性が高いので、特に十分な殺菌に留意したい。最近では多くの飲食店でよく見かける合成樹脂製のまな板がおすすめだ。抗菌タイプのものや積層式のものなど使いやすく手入れもしやすく便利だ。特に、積層式のまな板はある回数使用したら表面を剥がせるので、衛生管理の上で安心・安全である。

洗い方には注意がいる。使用後は全面を流水で洗い流し、中性洗剤を用いて、表面の目に見える汚れを洗い落していく。次に5分間以上、80℃の熱湯で十分殺菌する。閉店後は洗浄したら乾燥させ、清潔な場所で衛生的に保管する。

2 包丁の危機管理

まな板同様、包丁も用途別および食品別にそれぞれ専用の包丁を用意する。混同して使用しないように、例えば、下処理では魚介類用、食肉類用、野菜類用で分ける。調理用では加熱調理済み食品用、生食野菜用、生食魚介類用で分けるとよい。

包丁は、刃の部分に彫ってある銘の箇所や柄、刃と柄の境目箇所（込み）などに汚れが残りやすい。安定した台の上などに包丁を置いて、刃がしっかりと密着するように固定し、中性洗剤で汚れを落としていく。刃先はこすらない。刃先をクレンザーでこすると、切れ味が落ちるので要注意。峰や柄、込みの部分も丁寧に洗っていく。全体を洗い終えたら、汚れと中性洗剤を流水で洗い流す。85℃以上、1分間の加熱で熱湯消毒し、水気をよく拭き取る。水気が残っていると、サビの原因となる。もしくは流水で洗い流し、水気を拭き取ってからのアルコール消毒が有効。その際は、包丁全体に満遍なくかかることを意識する。

包丁の管理は、殺菌ができる包丁置きの収納庫を活用して、衛生的に保管するとよい。

3 料理盆の衛生管理

料理盆（プレート）を使用している飲食店もある。料理盆（プレート）は直接食品に触れるものではないが、衛生的に管理する必要がある。

一度使用した料理盆（プレート）をサッと布巾で拭くだけの飲食店をよく見かけるが、これでは不十分である。料理盆（プレート）は、飲食店の従業員だけでなく、お客様の手にも触れる。お客様は念入りに手洗いをせずに入店し、料理盆（プレート）に触れることも少なくない。また、仮にお客様が使用した箸を料理盆（プレート）の上に置いていたとしたら、雑菌も付着することになる。

このようにお客様に提供し、使用した後の料理盆（プレート）には二次汚染されている可能性がある。そこで、一度使用したお盆類は必ず洗浄し、85℃以上、1分間の加熱で熱湯消毒してから使用するようにする。

4 缶切りの衛生管理

缶切りも食品と直接触れていると認識すべきだ。作業中、できればその都度行いたいが、こまめに消毒用アルコール液を噴霧して使うことを習慣にするとよいだろう。

また、缶詰自体の底にも注意が必要である。たとえ店内ではその缶詰を床に直置きしていなくても、どういう経路で納品されたかはわからない。納品前は床に直置きされていたかもしれない。そこで、缶詰を開ける際はゾーニング（作業区域）で定めた場所で行う。まな板の上など、もってのほかだ。細かく見ていくと、様々な危険と隣り合わせだということを認識してもらいたい。

他にも、フードカッターや野菜切り機などの調理機器は、最低1日1回以上、分解して洗浄・殺菌し、よく乾燥させることがである。

5 洗浄用タワシの衛生管理

洗浄に使うタワシやブラシ、スポンジなどの衛生管理についても注意が必要だ。まな板や包丁と同様に洗浄用タワシやブラシ、スポンジ類も用途別に使い分ける。例えば、食器用、調理器具類用、調理機器および施設設備用などで分けるとよい。色別で使い分けるのも有効だ。ただ、食器用としてよく使われる繊維製タワシや金属タワシなどは繊維や金属片がとれて、異物混入の原因となりうるので、使用に注意が要る。最近では、使い勝手のよい用途別洗浄用具が多く市販されている。店舗に合ったものを選び、うまく活用するとよい。水の浸透を防ぐ樹脂製のタワシやブラシなどもおすすめだ。

タワシやブラシ、スポンジなども作業使用後その都度すぐに、流水で水洗いをし、洗剤で泡立て、もみ洗いし、流水でよく洗い流す。あまりにも汚れがひどい時には清潔なものと交換する（定期的な交換が望ましい）。さらに煮沸して熱湯消毒するか、または塩素系殺菌剤で殺菌すればなおよい。乾燥しやすい清潔な場所で保管する。一日の作業終了後は特に念入りにもみ洗いをしておき、殺菌もすること。乾燥させる際は、それぞれを重ねてはいけない。

4 食物アレルギーに対する危機管理

1 食物アレルギーの仕組みを知る

現在は国民の3人に1人が何らかのアレルギーを持っているといわれる時代。食べ物を扱う飲食店にとっては、「食物アレルギー」に注意を払わなければならない。厚生労働省の調査によれば、アレルギーは小児から成人まで幅広く認められている。そのため、お客様の中に食物アレルギーを持つ人がいることを意識しておく必要がある。食物アレルギーによる事故が起こった時、適切な連絡や処置を行えるよう、まずきちんとアレルギーの仕組みを知り、対応できるようにシステムづくりをしておきたい。

食物アレルギーは、食物（主に人間以外の動植物由来のタンパク質）を摂取した時に、身体が異物（アレルゲン＝抗原）の侵入と認識し、防御として過剰に排除しようとするために、余計な抗体を作り出してしまうことで、口の中の違和感や顔の火照り、痒み（かゆみ）、蕁麻疹（じんましん）や湿疹（しっしん）、咳などの症状が現れる。悪化すると、呼吸困難や顔面蒼白、さらに血圧が下がり、アナフィラキシーショックというショック状態に陥り、死に至ることもある恐ろしいものなのだ。

ヒトには生来、外から侵入してくる細菌やウイルスなどの異物から身体を守る働き（免疫）の生体防御機能が備わっている。だが、免疫反応がうまく機能しなかったり、成長過程で不完全だったりすると、異物を排除しようと余計な反応を示し、アレルギー反応の症状が出るのだ。

食物そのものの作用によるものは、食物アレルギーに含まない。例えば、乳糖を含む食物を摂取した際、あたかも牛乳アレルギーのように下痢になるのは、乳糖を体質的に分解できない乳糖不耐症であるからだ。こういう場合は、食物アレルギーではなく、食物不耐症という。混同し処置を間違えてはいけない。

2 食物アレルギーを引き起こす食材

食品衛生法では、「卵、乳、小麦、えび、かに、そば、落花生」の7品目を「特定原材料」と定義し、表示義務が課されている。卵、乳、小麦、えび、かにによる食物アレルギーの発症件数が多いからだ。そば、落花生については、症状が重くなることが多く、生命に関わることが理由だ。

また、「あわび、いか、いくら、オレンジ、キウイフルーツ、牛肉、くるみ、さけ、さば、大豆、鶏肉、豚肉、バナナ、まつたけ、もも、やまいも、りんご、ゼラチン、ごま、カシューナッツ」の20品目は、過去に一定の頻度で発症が報告されたため、「特定原材料等」として表示をすすめている。通知による品目で、特定原材料に準ずるものとして扱われる。そのほか、食品衛生法に規定はなく、食物アレルギーを引き起こしやすいものとして、「アーモンド、米、きび、ひえ、じゃがいも、マンゴー、前述以外の魚介類」が挙げられる。

食物抗原（アレルゲン）は、個人差はあるが、年齢によって異なる。小児期に最も多い食物アレルギーは鶏卵と牛乳で、次いで小麦、大豆だ。成人になるにつれ、えび、かに、魚類、貝類、果物などへと変化が見られる。

1種類だけでなく、いくつかの食物抗原（アレルゲン）を同時に抱えるお客様がいることも知っておく必要がある。

3 恐ろしい食物アレルギーの症状

最悪の場合、死に至らしめることもある非常に危険な食物アレルギーの症状を「アナフィラキシーショック」という。即時型の最重症タイプで、皮膚症状、消化器症状、呼吸器症状に続いて全身性のショック症状を現わすものである。

食物アレルギーは、個人差によるが、舐める程度でアナフィラキシーショックを引き起こすなど、微量の食物抗原（アレルゲン）でも発症することがある。

総タンパク量として一般的に㎎／㎖濃度（食物負荷試験における溶液㎖中の重量）レベルで確実に誘発する。そこで、事前にお客様から食物抗原（アレルゲン）を聞いていた場合は、アレルギーに関連する食材が少しでも付着したスプーンなどを使って、調理してはならない。

食物アレルギーは、摂取した食物のタンパク質が完全に分解されず腸に運ばれ、血液を介して皮膚、気管支粘膜、鼻粘膜、結膜などに達してアレルギー反応を起こす。症状は、口に入れた瞬間のものもあれば、2時間以内に現れるものもある。頻度としては、皮膚粘膜症状→消化器症状→上気道症状→下気道症状→全身性症状の順が一般的。その最重症タイプがアナフィラキシー反応である。

仮にお客様が食事中、次のような症状を見せたら、早急に救急車搬送を依頼しなければならない。

①皮膚粘膜症状

■皮膚症状：掻痒感（そうようかん）＝かゆみ、蕁麻疹（じんましん）、血管運動性浮腫（けっかんうんどうせいふしゅ）＝まぶた、唇、皮膚の突然の腫れ、発赤疹（ほっせきしん）、湿疹（しっしん）

■結膜症状：眼結膜充血（がんけつまくじゅうけつ）、掻痒感、流涙（りゅうるい）、眼瞼浮腫（がんけんふしゅ）＝まぶたの腫れ

②消化器症状

■悪心（おしん）、疝痛発作（せんつうほっさ）＝消化器疾患による激しい腹痛、嘔吐、下痢

■慢性の下痢による蛋白漏出（たんぱくろうしゅつ）＝むくみ、体重増加不良

③上気道症状

■口腔粘膜（こうくうねんまく）や咽頭（いんとう）の掻痒感・違和感、腫脹（しゅちょう）＝腫れ

■咽頭喉頭浮腫（いんとうこうとうふしゅ）＝呼吸困難やしゃがれ声などの症状

■くしゃみ・鼻水・鼻閉（びへい）＝鼻づまり

④下気道症状

■咳嗽（がいそう）＝咳、喘鳴（ぜんめい）＝呼吸時のヒューヒュー、ゼイゼイという音、呼吸困難

⑤全身性反応

■ショック症状＝頻脈・血圧低下・活動性低下・意識障害など

4 食物アレルギーへの心配りを

飲食店の食物アレルギーにおける事故を防止するには、お客様一人ひとりに対するさりげない心配りが重要だ。

例えば、店頭メニュー表に「アレルギー食品がある場合は、お申し付けください」と書いておく。

お客様には注文を受けた時に、「アレルギーを起こす食材はございますか」「服用されている常備薬はございますか」とさりげなく声を掛けてみる。

また、常連客であれば、「最近、体調はいかがですか」など、お客様の体調を気に掛け、観察しながら食事を提供する。

健康状態の時は、免疫機能も正常に働くので心配ない。風邪や花粉症の症状が見られる際は、注意が必要だ。免疫機能が低下している可能性が高い。この場合は、重篤な食物アレルギーの症状が現れやすいのである。

仮に食事をされて体調を崩し、アレルギー症状であれば、迷うことなく早急に救急搬送を依頼し、医療機関に委ねることを忘れてはいけない。

5 調理場・厨房に対する危機管理

1 調理機器のメンテナンスを徹底する

経済産業省の調査によれば、業務用施設、特に調理場・厨房での事故が増加傾向にあるという。調理場および厨房は水を使用することによる腐食が発生しやすい環境にあるため、配管やガス栓、調理機器などの維持管理についてリスクが数多く存在する。また、食材や油などを調理で使用することによる汚れも発生する。それらの原因で、機器に故障を引き起こすことになり、調理機器が突然停止したり、厨房に設置したクーラーの機能が急低下したり、換気扇から発火するなど、様々な問題を引き起こす。

事故防止のためには、調理機器に対する日頃の定期的な清掃やメンテナンスが重要だ。店舗責任者は、店舗に設置してある調理機器の構造や使い方を熟知しておく必要がある。知らずに調理機器を水洗いしてしまうなどの間違いを起こさないようにする必要があるのだ。

また、いつ故障しても、すぐ対応できるようにしておく必要もある。清掃やメンテナンスを適切に行えば、調理機器の異常に早期発見することができる。また、調理機器本来の機能や性能を維持することで故障を予防し、事故防止につながる。耐用年数を延ばせれば、経費削減にもつながるのだ。調理機器や設備に少しでも故障や損傷等を発見したときは、早急に修理をしなければならない。

毎日の清掃と点検。そして故障が発生したら、そのまま使用し続けることなく、メーカーへ修理依頼に出すことを、従業員に徹底する必要がある。

2 分電盤・電気系統のチェックを怠るな

調理場・厨房に設置してある調理機器は、電気を動力にするものが大半だ。だが、それらは調理場・厨房という性質上、水を使う場所にあり、事故の原因となりやすい。そのため、日頃から分電盤や電気系統の清掃と点検が重要だ。

分電盤とは、漏電遮断器（漏電ブレーカー）や配線用遮断器（安全ブレーカー）を1つにまとめたもので、屋内にあるブレーカーボックスのことである。ここから調理場・厨房内や客室等にも電気を分けているのだ。また、使い過ぎや漏電しないよう電気を常時チェックする大切な役目も果たす。

停電などのトラブルに備えるためにも、店の責任者は分電盤内の注意書きに目を通しておく必要がある。例えば、店舗における、電気を押し出す力を表す電力は何V（ボルト）なのか、また、電気の流れる量を表す電流は何A（アンペア）なのかを確認しておく。

また、阪神淡路大震災や東日本大震災の地震では、地震後に起きる通電火災も発生している。大きな地震が起きると、一時的に停電になることがある。電気が復旧したときに倒れた電気ストーブなどによる火災が発生することを通電火災という。それを防ぐための感震ブレーカーを装備しておくとよい。

その一方、感震ブレーカーが作動すると、ブレーカーが落ちて電気は止まるが、再起動させるために、どこにブレーカーがあるのかわからないと、平常の営業ができなくなってしまう。そうならないよう、分電盤の場所やブレーカーの位置を確認しておくことが大切だ。

3 換気設備に潜む危機

調理場・厨房にあるガス機器が完全燃焼するためには、十分な給気と排気が必要である。

換気設備は、酸素の供給と燃焼排ガスを排出するため重要である。換気扇等を設置する場所は外気に通じ、燃焼器の排気部より高く、天井に近い位置がよいとされる。

よくある事故事例は、給排気設備上の不具合と使用上の不具合である。換気設備の不具合は、一酸化炭素（CO）を含む排ガスが厨房内に滞留するなど、CO中毒の事故につながる危険が潜む。

設備上の不具合では、換気扇能力の不足や故障、排気口の目詰まりなどが考えられる。こうした事故を起こさないためには、換気扇の製造年を確認し、記録しておくことが重要。経年劣化で機能の低下が起こるからだ。日常の定期的な点検とメンテナンスの必要性を従業員に徹底しておくようにする。

使用上の不具合では、換気扇を作動させていないか、給気口が塞がれているか、どちらかの可能性が高い。決して給気口の前にものを置いてはいけない。また給気口を確保し、窓や出入り口を閉め切りにして作業をしてはいけない。

日頃から給気と排気の通路を確保することや換気扇等の点検・清掃、ガス機器自体の点検・清掃を行うことが、CO中毒事故の防止につながる。

4 調理による発火の危険を知る

調理による火災は多いが、その中でも意外と気づかずに突然起こる危険な発火がある。

①ダクト・フードの引火

換気扇のフードやダクトは熱や煙り、臭いを外へ排出する重要な機能があるが、その一方で、そこに調理で発生する油やホコリが蓄積し、引火する危険性があるのだ。この危険を防ぐためには、プロの清掃業者に依頼し、清掃と点検を行いたい。

②壁への伝導過熱

東京・築地の有名ラーメン店で起こった火災は記憶に新しい。同店では、寸胴をコンロに数時間かけてスープをつくっていた。スープが出来上がったので、火を止めて帰宅した。にもかかわらず、火災は起きた。

原因は、コンロ横の壁に熱が伝導して溜まり、発火したものである。こうした伝導過熱を防ぐためには、加熱機器を壁から安全な距離を取るようにする。また、壁が黄色く変色している場合は、裏側の安全性を確認する必要がある。

③天かす・揚げ玉の自然発火

天かすや揚げ玉の自然発火にも要注意だ。

２０１８年３月、福岡県のうどん店で天かすの自然発火が原因とみられる火災が発生した。木造平屋約90平方メートルが全焼した。倉庫の直径30㎝の鍋の上に直径40㎝の金ザルが置かれ、その中に天かすが集められていたという（朝日新聞デジタル）。

熱を持ったままの天かすは、１カ所に山盛りにしておくと、余熱で燃え出すことがある。天かすを山盛りなどにして、表面の天ぷら油の空気に触れる面積が大きいと、酸化反応を促し発熱する。熱は内部から逃げにくいため、温度は上昇する。特徴として熱はこもるまで時間がかかり、およそ２～10時間で発火する。量が多いほど危険である。

防止策として、天かすを平たく置いて熱を発散させ、十分に水をかけ、冷えていることを確認してから捨てるなり、調理場を離れる。また、大量に１カ所に山盛りに集めないこと。さらには保存する場合でも、通気性が悪く熱がこもる容器には入れないことが鉄則である。

5 ゴキブリ・ネズミの対策が重要

衛生管理と店舗運営において致命的となるのが、ゴキブリやネズミ等の有害生物防止対策の怠りである。たった一匹の発生が、食中毒の原因ともなり、またお客様を失う要因にもなるからだ。

ゴキブリの習性は、繁殖力が高く、少量の餌や水で生きられることだ。また、気温が上昇するにつれ活動が活発になる。ネズミもまた温かい場所を好み、夜行性の生物である。壁際や物陰を通路にして行動することが多い。電気の配線コードなど硬いものを噛む習性がある。管理の行き届いていない調理場・厨房は、ゴキブリやネズミにとって格好の生息場所なのだ。

防止対策は「クレンリネス（Cleanliness）」の徹底である。似た言葉にクリンネス（Cleanness＝清掃する）がある。違いは、見た目のきれいさではなく、清潔な状態を維持・管理することである。侵入防止のために施設の出入り口や窓を極力閉めておく。また、外部に開放される場所には網戸やエアカーテン、自動ドア等の設置が望ましい。さらには終業時の清掃が重要だ。生ゴミ等を調理場・厨房に残さない。ゴミ袋をしっかり結わいて、フタ付のゴミ箱に入れる。食材・食品等は規定の保管場所に収納し、日頃から整理整頓に努めることだ。ゴキブリの物陰になりやすい段ボールも放置しておかないことも従業員同士で徹底する。什器や冷蔵庫の裏側をこまめに清掃することを忘れてはいけない。穴や隙間を見つけたら、早急に塞ぐようにする。

それでも発生してしまった場合は、専門業者に依頼する以外ない。月1回以上の施設内における発生状況を巡回点検することも有効だ。発生を確認した際はその都度、駆除を実施し、記録をつけ保管しておく。基本はクレンリネスである。施設及びその周囲の維持管理を徹底し、繁殖場所の排除に努めることだ。

6 毎日の厨房内清掃の徹底を

厨房内の清掃を怠ると衛生管理上、様々な問題が発生する。食中毒の原因にもなり、また臭いが客席まで届き、店の評判を落とし、客を失う要因になるので、厨房内の清掃は毎日行うことを徹底する。

まず必要な清掃用具を揃え、作業場ごとで別々の清掃用具を使用する。また、常に清掃ができる状態のものを揃えておく。毛羽立ったブラシなどを使ってはいけない。清掃後、よく乾かしてから保管することも重要だ。濡れたままのモップなどを床に付けたままでなく、きちんと吊るすように保管する。

次に、清掃マニュアルを常備し、誰がどこを清掃しても問題ない状況をつくる。併せて清掃後にきちんとできているかを確認するチェックシートなども常備しておけば、形式的な清掃で終わらせずに済む。そのために厨房の平面図の写しを用意し、清掃場所と頻度などを見える化し、段取りをしやすくしておく。清掃する場所で特に注意したいのが、床・厨房機器庫内と取っ手・排水溝・グリストラップ（油脂分離阻集器）・配水管などだ。

床は汚れたままにしておくと、危険な微生物や汚れが原因で、食品や調理器具等を汚染する可能性が高くなり、大変危険である。目に見えるゴミなどを取り除き、中性洗剤を使い、ブラシでこすり洗いするのが最適だ。流水で洗い流したら、希釈した塩素系漂白剤で床を満遍なく消毒し、よく乾燥させる。

冷凍・冷蔵庫などの庫内の汚れは、冷温機能を下げるだけでなく、食中毒の原因となる菌を増殖させる恐れがある。また扉のパッキン部分や取っ手部分にも雑菌が付着する可能性の高い場所だ。アルコール噴霧器などで消毒できるようにする。

排水溝・グリストラップ・配水管を常に清潔な状態に保つのは、臭気を店内に放出させないためだ。油汚れや油そのものを完全に取り除く必要がある。

清掃はただ単にきれいにすることが目的ではない。現状の調理環境で、料理を提供する安心・安全を維持管理できているかどうかを守るためだということを忘れてはいけない。

6 セルフ調理・バイキングに対する危機管理

1 セルフ調理における生焼けの危険

焼肉店やお好み焼き店のように、お客様自らが調理をし、料理を楽しむ形式の飲食店がある。食材の加熱不足による「生焼け」には注意が必要だ。生焼けで食べれば、食中毒の危険性が高まる。

焼肉店でいえば、本来、焼き方や焼き加減はお客様の自由だ。だが、不測の事態を想定して、店舗運営に取り組むことが好ましい。例えば、「しっかり焼いて食べた方がおいしいですよ」といった一言だけでも効果はある。また、生の食材を扱ったトングや箸などで食べないことを事前に説明しておくことも重要だ。事故を未然に防ぐための説明責任は、飲食店側にあることを忘れてはいけない。

2 トング・箸の使いまわしによる食中毒

何種類もの料理が大量に陳列されるバイキング形式。ここにも二次汚染による食中毒の危険性は潜む。

どれだけ適切に調理が施された料理であっても、提供時に注意を怠れば、事故の可能性は高まってしまう。もちろんお客様が直接料理に手で触れないように、各料理の前にトングや箸など専用器具を用意するのは当然だ。注意しなければならないのは、トングや箸の使いまわしである。

仮に一つのトングや箸しか配置していなかった場合。それを何人ものお客様が、何種類もの料理をお皿に盛りつけることになる。盛りつけ後にそれらを規定の場所に置かず、テーブルクロスの上に直に置いてしまうお客様がいないとも限らない。またはお客様が誤って料理を食したフォークや箸で盛りつけたり、素手で料理に触れてしまうかもしれない。

それらをチェックするためにも、料理のそばには従業員を配置し、お客様の様子を見ながら不衛生な取り扱いがないよう迅速な対応が必要である。

さらに、盛りつけ用のトングや箸はこまめに回収し、常に洗浄殺菌した清潔なものと交

換することが大切である。このようなチェック体制を整えておくことが食中毒などの事故防止につながるのだ

3 IHで起こるトングによるヤケド

近年、焼肉やお好み焼きなどのセルフ調理では、客席のテーブルに電磁調理器（IH）を採用する飲食店が増えている。

そこで見受けられる事故が、トングによるヤケドだ。調理後、IHの上にトングを置いたままにしてしまうのである。するとトングは次第に高熱を帯び、お客様が知らずにトングを手に取れば、ヤケドをする。

そこで、お客様が入店の際、「当店ではIHを採用していますので、トングの置きっぱなしには、十分お気をつけください。ヤケドする危険があります」と、従業員があらかじめ説明することが有効だ。

また、接客中もトングの置き場所を常に確認し、お客様には安全に、そして楽しく食事をしてもらえるよう、注意を払い続けることが重要である。

4 テーブルの清掃を徹底する

バイキング形式では、お客様が料理を盛りつける際に、テーブルを汚してしまうことがある。そのまま放置しておけば、見た目も悪く、なにより不衛生である。テーブルクロスをしていれば問題ないというわけにはいかない。

こまめなテーブルクロスの回収と交換が最も望ましいが、現実的に難しければ、飛び散った料理などを簡単に拭けて、常に衛生的な状態を保てるテーブルを用意する工夫が必要だ。

飲食店従事者が、テーブルに飛び散った料理が気になるか、ならないか。またはそこへ目が向くか、向かないか。その意識の違いを自覚できるかが、最も重要なことである。

5 バイキングの料理交換に要注意

バイキング形式の中には、フタをされない状態で大量の料理が陳列されたり、料理が少なくなると継ぎ足して提供されることがある。これが二次汚染や交差汚染を引き起こす原因となるので、注意が必要だ。

フタをしていなければ、室内のホコリが料理に付着する。お客様が誤って手で触れてしまうこともある。談笑しながら盛りつければ、唾液が飛ぶこともあるだろう。また、時間が経過した料理の下方は劣化していることが考えられる。

お客様にとっては不便かもしれないが、各料理にフタをすることが最も衛生的だ。また、料理が少なくなったら、継ぎ足すのではなく、新しい皿で提供することを徹底しなければならない。サラダや刺身など生ものは特に温度管理に配慮する必要があることを決して忘れてはいけない。

7 店舗に対する危機管理

1 従業員全員の防災意識を高める

飲食店火災の多くが営業時間帯の出火だ。出火に対しては、初期消火が重要になる。そのためには、なにより従業員の防火意識が必須である。日頃から防火意識を高めることが、出火や延焼を未然に防ぐことになるのだ。

例えば、厨房設備の周囲に燃料その他の可燃物をみだりに放置しない。使用中は監視人を置く。屋外に引火しやすいものを置かない。整理整頓を心掛けるだけで、出火のリスクを最小限に抑えることができるのだ。また、地域の防災訓練などに従業員全員で参加することは、地域防災情報を知ることができ、意識の向上にもつながる。

消火器具や自動火災報知設備等の定期的な点検も重要である。事前に取扱説明書に目を通し、いざという時に迅速に対応できるよう備えておく必要がある。仮に出火した場合、お客様の誘導方法や避難方法も、各従業員に徹底しておかなければならない。

2 メンテナンスしやすい店づくりを

飲食店の店づくりを行う上で、容易にメンテナンスができることを考えることが重要である。なぜなら、容易にメンテナンスができないと、日頃の手入れや清掃が疎かになる傾向があり、事故やトラブルにつながるからだ。

営業を続けていれば、いつか必ずメンテナンスは必要になってくる。例えば、スケルトンの天井に大きな布を吊るした内装が流行したが、見た目は格好いいし、コストも安い。だが、メンテナンスはむずかしく、布の上に虫やホコリが溜まり、客席にそれらが落下したり、客席調理による火が布に移って火事になるなどの危険があるのだ。

こうした危険を防止するためには、衛生管理や異物混入防止、事故防止の観点を重視して店づくりを行うことが重要である。

3 イス・テーブルの不具合をチェック

客席に潜む危険の中に、イス・テーブルの不具合による事故がある。お客様がイスの不具合に気づかず、偶然背もたれに寄り掛かった際、イスごとひっくり返ることが想像できる。

イスやテーブルにも耐用年数はある。お客様を頻繁に誘導する高頻度な座席もある。またはお客様個人にとって居心地のよいお気に入りの座席がある。こうした席は自然と消耗の度合いも高くなる。傷み具合が他のイスやテーブルと違ってくるのだ。

長く使用するためには、清掃の際、イスとテーブルをローテーションで移動させておく必要がある。

また、定期的な点検やメンテナンスも重要である。グラつくイスやテーブルに気がついたらそのままにせず、すぐに交換しなければならない。

4 店舗の危険チェックリストを作る

客席での事故を未然に防ぐ第一歩は、危険チェックリストを作成し、「見える化」で作業の安全を促すことだ。店舗に潜む危険な箇所や安全のための注意事項を可視化する必要がある。

まず職場の平面図を用意し、危険な箇所や作業について従業員全員で話し合い、洗い出してみる。危険を回避するために注意すべきことや守るべきことを全員で検討する。平面図に危険個所をマーカーで示し、遵守すべきコメントも書き加えるとよい。作成した危険マップをそのままチェックリスト表にして、日時、担当者を記入し、常に責任の所在を明確にし、点検漏れのないようにしておく。

店舗でお客様に起こりやすい事故は、

①客席フロアの水濡れや油汚れによる転倒や滑りによるケガ、
②階段やフロアの段差による転倒・つまづきによるケガ、
③店内に置かれた店の荷物などでのつまづきによるケガ、
④店頭の置き看板などによるつまづきによるケガ、などである。

転倒災害を防止するためには、水や油で濡れた床をきちんと拭き取ることが肝心だ。清掃中の床濡れにも注意がいる。または余計なものを放置したままだとつまづく原因になる。段差や傾斜のある個所もチェックしておく必要がある。

8 災害に対する危機管理

1 落下物の危険をチェックする

飲食店の責任者にとって人為災害だけでなく、自然災害に備えることも重要な仕事である。特に日本は地震大国である。しかも、いつ起こるかわからない。予知もむずかしい。そのためにも日頃から地震を想定した店舗運営が重要で、従業員全員と災害対策の優先順位を話し合っておく必要がある。

まず重視したいのは、頭上からの落下物対策である。天井や壁のディスプレイなどを事前に確認し、それらが客席の近くや座席より高い位置にある場合は要注意だ。市販されている転倒防止用の滑り止めを壁に備えると効果が発揮される。ガラスなどには飛散防止フィルムを貼っておく。照明器具も数カ所で止めておく。食器類の収納棚に開き戸があれば、飛び出さないようにフックをつけておく。収納内には滑り止めシートが役立つ。

また、店舗の外壁面の横付けされた袖看板において、外枠の底板とアクリル製のテナント名が入った板が落下し、通行人に当たったという被害も報告されている。日頃から看板にも注意を払い、点検をしておかなければならない。常に「万が一」に備えることが大切だ。

2 お客様の避難誘導を確認する

地震の大きさにもよるが、東日本大震災級の地震であれば、まず近くのテーブルなどの下に潜り、身を守る。調理場・厨房で作業をしていれば、すぐに火を止め、ガスの元栓を閉める。

地震が弱まり始めたら、お客様の安全確保と避難誘導に行動を移す。テナント出店している場合は、ビルの避難ルートや非常口を普段から確認しておくことが大切である。また、こうした災害時にスムーズに避難できるよう、避難ルートの通路や非常用扉に物を置かないようにしなければならない。

そのためには日頃から国や自治体が指定する避難ルートと場所を確認しておく必要がある。行政が作成したハザードマップを入手しておき、レジ周辺や営業許可証近辺など、お客様の目につくところに貼付しておくことが有効だ。

3 防災グッズを用意する

震度7クラスの地震が起これば、交通機関も途絶え、家路につくことができないことも考えられる。そのため、従業員及びお客様が使用できる最低限の防災グッズを用意しておくことが重要だ。総務省消防庁で推奨しているものを紹介する。

■飲料水・食品・インスタントラーメン・缶切り・哺乳瓶
■ヘルメット・防災ずきん・懐中電灯・電池・ラジオ・ライター・ロウソク・ナイフ・衣類・手袋・毛布
■救急箱
■現金・貯金通帳・印鑑

他にも携帯電話やスマートフォンの充電器も必需品だ。日頃から従業員全員が防災の意識を持って、何を準備しておくかの意見を出し合っておくことが、防災の第一歩につながる。

4 停電への対策を

大地震などの大きな災害では、停電も起こりうる。その際の対策を準備しておく必要がある。

停電になって困るのは、暗闇の中、身動きが取れなくなることだ。明かりになるものは必須である。そのためにも誘導灯を決められた場所に設置しておくことが望ましい。お客様には慌てないよう声を掛け、その場で待機してもらう。

その他にも停電に備えて、必ず懐中電灯（ライト類）をすぐに取り出せる場所に常備しておくこと。懐中電灯のある場所は、全従業員が認識しておく必要がある。誰でも即座に取り出せることが重要なのである。

地震が弱まったら店舗を出てみて、周囲を確認することも忘れてはいけない。仮に自店舗だけが停電のようであれば、ブレーカーを確認する。ブレーカーが落ちただけの可能性もある。

調理の途中であれば、機器類のスイッチを切っておく。またはブレーカー自体を落とす必要がある。冷凍・冷蔵庫やフライヤーなどの調理機器も同様。電気が復旧した際の過電流防止のためである。

とにかく停電になっても慌てず行動できるよう、日頃から従業員同士で話し合っておくことが大切だ。

5 停電による意外なレジスターのトラブル

レジスターも電気によって作動している。停電になれば、もちろん開かなくなるため、精算ができなくなるおそれが生じる。停電が長引くようであれば、途中の注文はキャンセルせざるを得ない。

だが、最新のレジスターにはデータ管理と金銭の出し入れが別々に作動する機種が発売されている。データ管理機能は一時停止するが、手動で金銭を出し入れができる。とはいえ非常事態に備えて、小銭の釣銭は別に用意しておくとよい。手書きの領収書もあらかじめ余分に用意しておこう。

復旧するかもしれないが、早めに停電時点までの精算を済ませてしまったほうが、飲食店とお客様の両者にとって、トラブルを回避できる。

レジスターだけでなく、電気機器類の復旧方法を事前に学んでおくことは大切だ。機種によって復旧方法はそれぞれ違うのだ。

第2章

危機管理の接客サービス

飲食開業経営支援センター　赤土亮二

【著者プロフィール】

飲食開業経営支援センター・チーフコンサルタント。豊富な現場経験をもとに「初心者の人でも、飲食店で必ず成功させる」をモットーに、独立・開業のための支援活動と儲かる飲食店作づくりを行ない、3500店の指導実績を持つ。店舗開発、立地調査、店舗デザイン、メニューづくり、接客サービス指導、計数管理…と細やかな指導を身上としており、数多くの繁盛店を輩出している。主な著書に「これから儲かる飲食店の新・開店出店教科書」「飲食店の接客サービス完全マニュアルBOOK」「THE BAR開業ブック」（小社刊）など多数。

■連絡先
飲食開業経営支援センター
住所／東京都品川区東品川2-5-6
天王洲ビュータワー807号室
TEL 03-5793-5008
ホームページ／
http://www.kaigyoshien.com/

はじめに

接客サービスのミスが、店の危機につながる

接客サービスが現代の飲食店の繁盛においていかに重要な役割をしているのか――これを知ることが店の成功を左右することはいうまでもない。

経営者達がよくいう言葉に「おいしいものを売れば客はやってくる」というのがあるが、実はこれはあまり正しい言葉とはいえない。いくら厳選された材料でハイグレードなものを売っても、接客サービスに欠陥があれば、その『おいしさ』は地に落ちてしまうのである。実は人間というのは感情の動物なので、心理的な事が優劣を左右してしまう可能性がある。例えば、トイレに下水臭とかトイレ特有の異臭があったりすれば、サービスされた商品はその異臭に引きずられてしまうし、カウンター前とか、フロアー等に汚れがあり不潔感があれば、調理場内も不潔なのではないか、従業員達とか食器も不潔なのではという心理が働いてしまうのである。同じように、接客に不備があれば、味等に影響を与えてしまうことになってしまうのである。

そして怖いのはそのような悪評が『口コミ』、『ネット』にのってしまうことである。

しかも、口コミとかネットへの書き込みには尾ひれがついてしまうのでとても厄介だ。例えば『ゴキブリが店内に歩いていた』というのは2~3人を経由すると『食べものにゴキブリが入っていた』になってしまうのである。しかも、このような口コミとかネットへの書き込みの拡散スピードは、とてつもなく速い。大袈裟でもなんでもなくその日のうちに20人以上に伝達されていくし、書き込みは数百人単位で見られてしまう。

さらに接客サービスには危険がともなうものがあり、これが大きな問題を引き起こすことになる。例えば、
①床が濡れていて、客が滑ってケガをした
②壁に飾った絵画が落ちて、客がケガをした
③イスにささくれがあり、客のブラウスが破れた
というように、挙げたら軽く100をこす危険がともなっている。しかも、法的な問題が絡むものも数多い。したがって、対応を間違えると、大きな損失につながる可能性も高い。しかも、もしこれが拡散されれば、店のダメージは大きく、下手をすると店そのものの撤退につながる可能性すらある。

トラブル、クレームは必ず起きる

店で管理がしっかりしていれば、トラブルは起きず、クレームはつかないのか——この答えはまぎれもなく否である。人間がやっていることである以上当然ミスは起きると考えておかなくてはならない。もちろんクレームは極力少なくするようにしなくてはならないことはいうまでもないのだが、そのような事態になった時の対応が肝心なのである。

そのクレームとかトラブルからは決して逃げないことが重要なのである。実は逃げてしまうと、そのトラブルとかクレームはこじれてしまい、小さいことも大きい事になってしまう。逃げないでしっかり対処できれば、トラブルは解決するし、その対応がよければ、それがきっかけで店のファンになってもらえるチャンスだともいえるのである。

ところが、客の中にはクレームをつけないで帰る人もいる。でも実はこういう客が非常に怖い。なぜならば、2度とこないという態度に出るからである。こんな客が1日に何人もいれば、店の客はどんどん減ってしまうことになる。その後に店に起こることは語る必要もないが、経営不振ということになる。

でも、このような客は実は勘定を払うとき態度に出るはずなのである。例えば、

①いつもはニコニコしているのに、今日はぶっちょぅ面をしている
②いつもは静かな態度なのに、今日は荒々しい
③いつもと違い、今日は投げるように札を出した

等々。

こんな場合は、一言声をかけることが重要だ。「フロアーで何かミスでもございましたでしょうか」と訊かれれば、もし気に入らないことがあったのなら話てもらえるのである。これでその トラブルが対処可能になる。これで1人の客を失うという事態は防げ、口コミで数十人の客を失うことも避けられる。

客は〝言い訳〟は求めていない

客からクレームがついた場合、そのミスの理由を述べる、つまり言い訳をするという例が結構多い。しかしこの言動がトラブルを大きくしてしまう可能性が大なのである。客にとっては理由などどうでもいいのである。

このような場合何が必要なのかというと、「申し訳ございません」という謝罪の言葉なのである。この言葉をいっただけで、その場の雰囲気はやわらぎ、客も心理的にやわらぐ

のである。まず、謝罪しその上でそのトラブルに対処することが肝要である。

さて、この対処であるが、クレームを聞いた本人は自分自身で咄嗟に判断しなくてはならない。もし自身で対処がむずかしいというのであれば、「恐れいります、只今責任者を呼び対処いたします」と告げ、責任者を呼ばなくてはならない。これもいろいろなケースを想定して、システムづくり行なった方がいい。ここでモタついたりすると、それが感じ悪い印象につながってしまう。

また、本人で対処できた場合でも、責任者が再度謝る等のシステムも必要だ。

危機対応のシステムとチェックリストを充実する

どんなに注意していても、どんなベテランの域に到達している人が接客しても、トラブル、クレームを皆無にすることは不可能である。

でも極力少なくすることはできる。そのためには、危機対応の各種のチェックリストとかマニュアルを充実させることが必要になる。例えば、
①基本接客マニュアル
②禁句リスト、禁動作リスト

③報告必須リスト
④清掃、スタンバイマニュアル
⑤ピークタイム・スタンバイマニュアル
⑥中間清掃等チェックリスト
⑦閉店時片づけマニュアル
⑧閉店後退店チェックリスト

　があれば、トラブル、クレームはかなり防げるといっていい。なお客からのクレームとかトラブルは、毎日メモにしておく。新しいタイプのクレームとかトラブルがあれば、それの対応策を考えなくてはならない。

1　飲食物に関する危機管理の接客サービス

1　異物が料理に混入していた

異物混入は、どちらかというと調理場で異物が混入する場合が多いが、仕入商品に混入されている場合もある。あまり不潔感とかを感じられないもの、例えば、ビニールキャップ、輪ゴムのようなものならまだしも、ゴキブリ、蠅、髪の毛のようなものが混入していた場合は一大事である。このようなことは、害虫駆除管理をしっかりとする、整理整頓を徹底し、起こらないようにしなくてはならない。これが吹聴されて拡散してしまったら、大幅な客数減少につながってしまうことは免れない。もし起きてしまった場合すぐ「申し訳ございません、すぐお取り換え致します」と謝り、商品を取り替える処置をし、合わせて責任者もあやまり、場合によっては料金はサービスしなくてはならない。

2 食べたら、腹痛、吐き気をもよおした

考えられることは腸炎の発症である。腸炎は、

①細菌性のもの→赤痢菌（O157）、コレラ菌、サルモネラ菌、腸炎ビブリオ菌、カンピロバクター菌

②ウイルス性のもの→ノロウイルス、ロタウイルス

等で発症します。もし起きてしまったら、まず目立たない位置に移動してもらい、吐くための容器等を用意する。状態にもよるが、軽い場合は、

①原因を追及する旨（むね）を告げる

②念のためかかりつけの医者に行ってもらうことをお願いする

という処置をして、帰宅していただくことになる。だが、嘔吐がはげしかったり、激痛があるような場合、救急車を要請しなくてはならない。そして、運ばれた病院等には、責任者がお見舞いに行き、店の飲食物が原因だった場合は医療費を負担しなくてはならない。このようなことが、複数人同時におこった場合は、食中毒の疑いもある。そのような場合は10日程度の営業停止処分になる可能性がある。もしもの対応として、食中毒のための保

険をかけておくことが必須である。

ただし、それ以前に、何より食中毒を起こさない体制づくりが重要である。このようなことは、衛生管理、食材管理の不徹底が引き起こすことである。したがって衛生管理が徹底できるマニュアルを作成し、それを遵守しなくてはならない。

3 料理を食べて歯が折れた

固い異物、例えば、
※金属片、肉の骨、プラスチック片等
が飲食物に混入していて、それが見つかり、客から指摘された場合は、「大変申し訳ございません、すぐお取りかえ致しますので、少々お待ち下さいませ」と告げ、取り替えた商品をサービスする時に「大変申し訳ございませんでした」と再度謝罪しなくてはならない。しかし、そのために、
※口内が傷つく、唇が切れる、歯を損傷する
といった場合は謝罪だけでは済まなくなる。これはある意味では傷害事件にも該当することになる。当然丁重に謝り、該当する医院に同行し、結果を見極めなくてはならない。

当然医療費は店側が負担することになる。ここまでで済めばあとは、自宅を訪問再度謝罪するといい。

このような件は、場合によっては損害賠償の訴訟まで発展することもある。そのような場合、賠償金額の多寡が大きさによるが、こちらも弁護士をたてて解決することになる。なお、このような事件にも保険がかけられる。したがってわずかな保険料なので保険をかけておくべきだ。

4 料理が半調理だった

例えば、生焼けだったとか、加熱が十分でなく、ぬるかった——よく起きるトラブルである。近年では仕入品が冷凍の場合も多いし、仕込んだものを冷凍保存している場合も多い。したがってこうしたトラブルは前にも増して多くなっている。

このようなトラブルをできる限り回避するためには、充実したレシピとか調理作業マニュアルが必要である。そして、それを忠実に実行させなくてはならない。

なお、ただ生焼けだった程度のことなら、すぐ謝罪して取り替えればいい。しかし、鶏肉、豚肉、魚介等の中には火が通っていないことが原因で、腸炎等をひきおこす可能性もあり、下手をすると死に至る可能性があるので十分注意が必要だといえる。

なお、自店で扱っている食材については、別掲1のような、その知識、扱い、保存方法が一覧になったものを作成、調理係全員に渡しておく必要がある。

5 テイクアウト商品に異臭があり、腐っていた

原因のほとんどが、仕込商品の保管不備、盛りつけ作業の衛生管理不備から起こるトラブルである。したがって、仕込品の管理の徹底と、盛りつける時の手づかみなど不衛生な作業を避けることで回避できるはずである。

	鮮度保持のため常時在庫は５kg未満
	２日経過後は、トースト用にカット、ビニール袋詰冷凍
	ホイップ用
	解凍は冷蔵解凍、薄いので破けないよう注意
	解凍は冷蔵解凍
	保存可能期間７日が目安
	立てて保存すると日持ちがする

	特筆事項
	翌日使用分は前日20時から冷蔵解凍
	翌日使用分は前日20時から冷蔵解凍
	翌日使用分は前日20時から冷蔵解凍
	冷凍したものに牛乳を所定量加え加熱

【別掲1】

仕入材料一覧表

材料名	納入業者	単位	単価	荷姿	保存	
コーヒー	○○コーヒー	kg	2,600	豆状、100 gパック	指定格納棚	
3斤角食	○○製パン	本	1,600	ノーカット	ビニール袋詰め指定格納棚	
生クリーム42%	○○乳業	本	2,100	1 ℓパック	冷蔵	
プロシュート	○○製肉	パック	1,200	スライス状冷凍、12枚/パック	冷凍	
牛バラ肉	○○製肉	kg	1,800	掃除済冷凍、ブロック	冷凍保存	
卵	○○食品	パック	200	1パック10ヶ	パックのまま冷蔵	
エストラゴン	○○青果	パック	300	1パック8本前後、フレッシュ	根付側切口を濡らしたペーハーで包み冷蔵	

仕込商品扱い一覧表

仕込商品	通常仕込量	扱い	日持ち	
アイス・コーヒー	夏季30杯、冬季10杯	密閉容器で冷蔵	2日	
ハンバーグ	合挽2kg＋野菜	130 g/1人分にして冷凍	1ヶ月	
ビーフシチュー用牛バラ	2.3 kg、1ブロック150 gで仕込	50 gカットで3ヶづつジプロップ詰め冷凍	1ヶ月	
キーマ・カレー	合挽2kg＋野菜	130 g/1人分にしてジプロップ詰め冷凍	1ヶ月	
ベシャメル・ソース	出来上り量1ℓで濃い目で仕込	蓋付冷凍皿で保存	15日	
キャラメル・ソース	出来上り量300mlで仕込	冷まし、ソースディスペンサーに入れ常温保存	10日	

万一このような事態が発生した場合は謝罪し、
①取り替える↓客の希望による
②料金は返却する↓取り替えた場合でも料金は返却する
③次回の弁当は無料にする

といった対応が必要になる。なお飲食店許可を取得していて、弁当の販売は、そのための許可は不要だが、商品が菓子類、パン類になった場合は別途、菓子製造業の許可を取得しなくてはならない。許可の取得なしに前述のような事態を引き起こし、それが公になれば、営業停止という処分まで及ぶことになる。

6 コールドドリンクが濁っていた

紅茶がクリームダウンしていたり、アイスコーヒーに濁りがある場合、それがクレームになる場合がある。紅茶がクリームダウンするのは別に味に影響はないのだが、見た目は極端に悪くなりクレームの対象になりやすい。クリームダウンを起こさないためには、
①急速に冷やす↓氷を入れた容器に濃い目の紅茶を注ぐといい
②できるだけタンニンの少ない紅茶葉を使用する↓セイロン、キーモン等

ということで対処することが必要である。次にコーヒーの濁りだが、これも紅茶と同じで、見た目はかなり悪くなる。これも急速冷却することで防ぐことができる。

味に変化がないといっても、見た目も商品価値の一部である。したがって謝罪して取り替えなくてはならない。この時、絶対にやってはならないのは、能書きを述べることである。そんなことをすれば、間違いなく客の感情はこじれてしまう。

7 料理がサンプルと違っていた

サンプルケースにサンプルを出している場合とか、メニューを写真で見せている場合、サンプルとか写真の方が豪華、ボリューム感があることが多い。多少の違いなら、クレームがつくことはないかもしれないが、あまりにも違うということになると、クレームになる可能性がある。しかも、このようなことにクレームをつけるのは〝クレーマー〟といって、なにかにつけてクレームをつけたくる人種の場合も多い。したがって、このようなクレームがつかないようにサンプルを作る、写真を撮ることが肝要である。

クレームがついた場合は、サンプルと実際の商品が違うことが確かなら、謝罪をして作り直しをしなくてはならない。

なお、写真が実際の商品と明らかに違う場合は、「写真はイメージ写真です」と注釈をつけておくべきである。

8 商品内容がメニュー表の説明と異なる

メニュー表では、

※シチュード・ビーフ赤ワイン風味

（自家製ドミグラスソースでじっくり煮込んだビーフ、ブロッコリー、フレッシュ・マッシュルームのシチュー）

となっていた。ところが、客席に運ばれてきたものは、ブロッコリーがカリフラワーになっていたのである。このような、説明付のメニューは親切でオーダーしやすいメニューになる。しかし、その親切が裏目に出て、クレームがついたものだが、これはクレームがついて当然だといえる。

今日だけ仕入事情で変化したというのであれば、オーダーを受ける段階でそのことを客にことわらなくてはならない。もし今後はカリフラワーになるというのであれば、メニュー表は書き換える必要がある。

このクレームに対しては謝罪して、他のメニューをを選択してもらうか、カリフラワーが嫌いだというのであれば、それを他の材料にして納得してもらい、いち早くサービスする必要がある。

9 オーダーした以外のものがサービスされた

オーダーしたものとは違うものがサービスされた。よく起きるトラブルである。この時はすぐ謝罪し取り替える旨（むね）を告げなくてはならない。このような時、客が「これでいいよ」というのを待ってはならない。たとえ「これでいい」といわれても取り替える旨は伝えなくてはならない。

それでも「いいよ」といわれたら、責任者に報告、責任者にも謝罪してもらうというようになっていなくてはならない。

なお、このようなミスを防ぐためには、オーダー時に商品名や注文の数等を復唱するのを実行したい。これでこのようなミスはかなり減少するはずである。

10 クレームの対応がクレームになる

トラブルが起こったり、クレームがついた場合、ベテランの接客係なら対応できる可能性はあるが、新人の場合は対応がむずかしい。下手に対応してそれがかえって客の気分を害するということもある。

トラブルというのは、ほんのちょっとしたことで、こじれてしまうものなのである。したがってすぐ謝罪をし、必ず責任者に報告、責任者が対応するというシステムにしておいた方がいい。

2 提供時に関する危機管理の接客サービス

1 料理や飲み物をこぼして衣服を汚した

料理提供時の事故は、結構よく起きる事故で多岐多様にわたる。まず、提供サービス時に飲物とか食べ物で客の衣服を汚してしまったというケースであるが、この場合は謝罪し、おしぼり等を持参、場所にもよるが、汚れを拭う手伝いをしなくてはならない。

なお微妙な場所の場合は、おしぼり等を手渡しして、客に拭ってもらうようにする必要がある。その後汚れたもののクリーニングをさせてもらうことを申し出なくてはならない。クリニング代はとりあえず推定される金額を支払い、それ以上かかった場合は後日請求してもらい、振り込むなり来店時に支払うようにしなくてはならない。

次に熱いものが客や衣服にかかったような場合は、ヤケドやケガが絡むかも知れない。謝罪の言葉にプラスして、「おケガはございませんか」という確認する必要がある。そして、ケガやヤケドがあるなら、その処置もしなくてはならない。このような事態に備えて店に

は、

①絆創膏、包帯
②切り傷、火傷用軟膏
③消毒液
④頭痛薬、腹痛薬
⑤ガーゼ、脱脂綿

等を常備しておく必要がある。なお、このような事故は前述した処置だけでは済まない場合がある。例えば、正月の晴れ着、ブランド物の衣服、ブランドバッグなどの場合は弁償に至ることもあるので、これに対処できる保険はかけておかなくてはならない。

さて、このような事故がなぜ起こるのかというと、

①数多い商品をむりやり一度に運ぼうとする
②客が急に動いたために運んだものとぶつかる

といったことで起こるケースが多い。よくあるのは、ハンドサービスでプレート（皿）が何枚持てるといったことを自慢している例があるが、その特技が事故につながってしまったのでは何にもならない。決して無理な量を運ばないことが肝要だ。そして、客席にサー

ビスする時には必ず、「お待たせいたしました」と声掛けをすることで、これらの事故はかなり防げることになる。「お待たせいたしました」というのは、今サービスに入りますので動かないでくださいという合図でもあるわけだ。

2 料理を食べたら、熱くてヤケドをした

熱いものは熱く冷たいものはより冷たくというのはサービスの基本である。したがって料理が熱いものだと分かっている場合は、事故は起きない。その料理が想像する熱さを超える熱さの場合に、この事故が起きる可能性がある。これは、調理側のミスであるので、謝罪しなくてはならない。サービスとして冷たいドリンクスをサービスすると客はかなりホッとしてくれるはずだ。

このような事故の多くは、使用している器等で起きるケースが多い。例えば、

①鉄板皿を使用している→この場合、鉄板もアツアツに加熱している
②オニオングラタン、マカロニグラタン、ドリア等のように器ごとオーブンで加熱している→器はかなり熱くなっている
③チーズフォンデュー、アヒージョ等を客席で加熱している料理→器はかなり熱くなっ

ている

などはヤケドの事故が起きやすい。そしてこのような事故は、サービス時に、

「器が熱くなっておりますのでお気をつけくださいませ」

と一声かけてサービスすることが肝要である。この言葉がかかれば、客はかなり注意してくれる。それでもこの事故がおこってしまった場合には、

※氷を包んだおしぼり等、ヤケド薬

でその処置にあたる必要がある。

3 焼き肉のロースターでヤケドをした

炭火焼き店、焼肉店、ホルモン焼店のように、客席で客自身が焼くというセルフ調理の場合、ヤケドは頻繁に起こるトラブルである。やはり、ロースター等に点火する際には、熱くなる部分を告げ、そこには触れないよう喚起する必要がある。またテーブルごとにフードがついている場合、そのフードもかなり熱くなるので、「こちら熱くなりますので、お触れにならないよう、お願いいたします」とお願いするようにしたい。それでもヤケドをしてしまった場合はおしぼりやヤケド薬などで処置をとらなくてはならない。

4 料理を出す順番を間違えてトラブルに

複数の料理がオーダーされた場合、客の指定がない限り料理を出すのは順番というルールがある。例えば、スープとハンバーグとライスがオーダーされた場合は、スープがサービスされ、それが終わった頃を見計らって、ハンバーグとライスがサービスされる。これが順番である。もし、先にハンバーグが出て、後からスープが出るといったサービスになれば、クレームがついて当然である。

別掲2を見てもらおう。これがフランス料理と和食のコースで出される順番である。出す順番というのはこれが基本になっている。これを参考にすれば、出す順番を間違えるというようなことは起きないはずだ。

なお、出す順番が分からないような場合は、客に確認

【別掲2】

フルコース(フレンチ)	懐石(和)
オードブル(前菜)	前菜
スープ(コンソメかポテージ)	吸物
ポアソン(魚料理)	刺身
ソルベ(氷菓)	焼物
アントレ(肉料理)	煮物
ディセール(果実等)	蒸物
アントルメ(小菓子)	酢物
カフェ(コーヒー)	ご飯、香の物、味噌汁

※オードブルの前にアミューズ(付出し)を出す場合もある。

することも大事である。

またコーヒーは別掲2で見れば分かるように最後、つまり食後なのだが、最近の傾向としては、これを先にという傾向がある。したがってコーヒーもオーダーされた場合は、先なのか、同時なのか、後なのかを確認する必要がある。

5 子供用なのにマスタードが塗ってあった

子供連れの客がサンドイッチをオーダーした。提供したところ、パンについたマスタードを親がナイフで削っているのである。このような場合はただ見てないで、謝罪して作り直しを提案しなくてはならない。子連れ客も多いというのであれば、サンドイッチのレシピはマスタードは塗らず、添えるというように変更すべきである。

店には、
②リキュール酒を混入したフルーツポンチ
②非常に辛い味つけの料理
③フレーバーにアルコールを使用したコールドドリンクス
というように子供に向かないものがある。また大人でも、あまりにも辛ければ向かない

ということも起きる。もしそれらがオーダーされた場合は、その旨を伝達して、オーダーを受ける必要がある。場合によってはオーダーを変更してもらう必要もある。なお子供連れの客の場合は、子供がメインゲストである。これを無視して接客に当たると子供には選んでもらえない。子供のオーダー品には特に注意がいる。

6 1人の料理が極端に遅い

多人数の組合せで来店、それぞれが異なるものをオーダーする——このような場合、商品提供はできるだけ同時になるように調整しなくてはならない。なぜならば、このような場合、全員の料理が揃ってから食事をスタートするという例が多いからである。これでは、せっかくの料理の質も落ちてしまうことになる。

それでも、このような事態になってしまった場合は「ちょっと、こちらの料理、まだなの」といわれる前に、「申し訳ございません、もうしばらくお待ちくださいませ」と、機先を制すことが重要である。

7 欠けたプレート（皿）、ヒビ入りグラスで指を切った

プレートの縁に欠損があったり、グラスにヒビが入っていた。これをそのまま提供してしまえば、欠損したプレートは貧相そのものであるし、ヒビの入ったグラスは危険である。また、それで指を切ったり、グラスをもったら崩れるように割れてしまい指を切り、飲み物が散乱して衣服を汚してしまうという事態も発生する。

接客係はただオーダー品を客席に運べばいいわけではない。運ぶ前には、

②食器等の損傷
②食器等の汚れ
③盛つけの乱れ
③ソースの散乱

といったことを確認の上で提供するというようになっていなくてはならない。

8 後から来た客が先にサービスされた

同じメニューなのに、自分より後からオーダーした客の方が先にサービスされた――客

は見てないようで、結構いろいろなことを見ているものなのである。こんなことでも客は気分を害するものなのである。当然、客に呼ばれ、クレームをつけられることもある。このような時、どうすればよいのか。

「新人が間違えてしまいまして、申し訳ありません」と、ある店長は謝った。でもこれでは50点以下の謝り方である。このような場合は、「申し訳ございません、当方のミスです。急がせておりますので、少々お待ちくださいませ」となっていなくてはならない。つまり、そのミスの言い訳は不要なのだということである。

9 サービスに差があった

接客サービスの基本は、

※均質化→接客係のサービスの質が一定のレベルになっていることである。サービス係によって差があったり、客によって差があるというのは絶対ご法度である。差をつけてもらった方は気分はいいのだが、反対の立場だった客はかなり気分を害するものなのである。このようなものは、クレームになることはほとんどないが、口に

は出さずそのまま退店されてしまう。このような現象を〝サイレント・クレーム〟というのだが、これが結構多いのである。そしてこのサイレント・クレームは、客数減少につながるので注意がいる。

なお新人がいて、サービスの均質が保たれない場合は、その新人には、

※実習生とか見習

と言う胸章をつけておくといい。

また、店にとっては、よく来てくれる顧客は大事だが、そこで起きるのが顧客優先というサービスであるが、これは芳しくないサービスになる。このようなことが極端だと、新規顧客は増えないので注意がいる。

10 不潔感があるとクレームになる

客が口をつける部分に指を触れたり、プレートを持つ指が料理のソースに触れている。神経質な客は、これに敏感に反応する。

また、客は見ないところだからと、例えば更衣室等が乱雑になっていたりすることも許されない。

なにかの拍子に目撃されることもありうる。そのようなところが汚れていると、調理場も不潔なのではと想像される危険がある。

なお、接客係のユニホームが汚れていたり、不潔感の漂う動作があると、それが店全体の不潔感につながってしまう。

そこで、別掲3のような客に不快感を与える身だしなみや動作のチェックリストを作り、常時チェックするというようにしたい。

こうした気配りのある接客サービスが客を増やすことになるのだ。

【別掲3】

身だしなみチェックリスト	※タブーな動作
①頭髪は乱れてないか	①頭髪に手をやる
②フケが浮いてないか	②身体の一部に触れたり掻いたりする
③ユニホームに汚れはないか	③含み笑いをする
④ユニホームは指定どおりに着用しているか	④指を指す
⑤靴に汚れはないか	⑤頻繁に時計を見る
⑥香りの強いものをつけていないか	⑥物によりかかる
⑦耳に汚れはないか	⑦腕組みをする
⑧鼻毛が見えてないか	⑧客席に座る
⑨鼻くそが見えてないか	⑨雑談にふける
⑩爪、指に汚れはないか	⑩客席を走る
⑪マニュキュアはしてないか	⑪極端に遅く歩く
⑫ネール爪をつけてないか	⑫手招きをする
⑬異臭はないか	

11 せっかく店に行ったのに営業していなかった

①事情があって開店時間が遅れた
②客が少なかったので早じまいした
④慰安旅行のため臨時休業にした
⑤大きい売上げになるので貸切にした

というのはよくある例である。

せっかくやってきたのに、店がやっていなかった、店はやっていたけど貸切で入れなかった。これは客に対する裏切り行為にも等しいといわなくてはならない。前述の①②は客と店が交わした約束である。したがって、よほどの事がない限りこのようなことがあってはならない。

もしこんなことが頻繁に起きるようだと、朝の客の出足は遅くなってしまうし、夜は早くに客足が途切れてしまうことが起きる。

次に③のようなケースだが、これは突発的に起きることではない。少なくても30日前から告示しておかなくてはならない。次に貸切だが、これもせっかくやって来てくれた客に対する裏切り行為である。貸切を頻繁にやったことで、客足が遠のき撤退に至った例は結構ある。

たしかに、貸切によりその日1日の売上は増加するかも知れないが、その日1日が増えても、他の日の売上が落ちてしまったのでは何にもならない。

店の営業日や営業時間というのは、客に対する約束事項であることを認識する必要がある。

3 店舗に関する危機管理の接客サービス

1 店の床で滑ってケガをした

①床に段差がある
②床にスロープがある
③フロア材がささくれている場所がある
④床が濡れている
⑤通路の床に物が置いてある

このようなことがあると、客がつまずいたり、滑ったりして転倒する可能性がある。特にシニア年代の客は転びやすい。万一転んだ場合、ケガの有無を確認する必要がある。「おケガはございませんか」と尋ね、もし骨折や捻挫の疑いがあるようなら、病院に同行する必要がある。その上で治療代の負担をしなくてはならない。すり傷程度であれば、処置は店でできるはずである。

このような事故はできるだけ未然に防がなくてはならない。まず、床に段差がある、スロープがあるというのは、店づくりの問題である。できる限り段差、スロープを排除しなくてはならないが、どうしてもそれが避けられない場合は、段は低すぎるとかえって危険なので、できれば100㎜程度にした方が危険は少ない。

次にスロープの例だが、これは段差より危険度が高いので、できる限り緩やかにする必要がある。そして、そこには段差がある、そこにはスロープがあるという注意を喚起する表示が必要である。

前述の③~⑤の例であるが、これは管理上の問題である。床にささくれがある場合、これはすぐ修理しなくてはならない。次に床が濡れていて滑るというのは、濡れたらすぐ拭くという習慣づけをしておく必要がある。次に通路にものが置いてあるような場合だが、これはもともとっての他のことである。通路にはたとえ一時的でも決し的物を置いてはならない。

※参考~滑りやすい床

プラスタイル、塩ビタイル、大理石、フローリング等

※床が濡れやすい日

雨、雪の日は床が濡れやすい。特に出入り口付近は、濡れが激しくなる可能性があるので

①頻繁にモップがけをして拭きとる
②傘立ての設置場所を工夫する
③靴拭いマットは予備を用意しておき、濡れが出たら取り変える

というようにしなくてはならない。

2 テーブル等のささくれに衣服を引っかけて破けた

テーブルやイスは長年使用しているうちに、ささくれができたりする。特に『籐（とう）』のイスとか、テーブルの縁はささくれが起きやすい。

このような状態になっていれば、朝の清掃や客が退店した後の片づけで気がつくはずである。気がついたら必ず報告するというシステムになっていなくてはならない。またよくあるのは、テーブルの上は綺麗なのだが、裏側に汚れがあるという例である。本来なら裏側は汚れないと思うかもしれないが、例えば客がジュースをこぼし裏側にまわってしまっているとか、なにかの拍子に汚れがついてしまうということがあるわけだ。したがって朝

の清掃時には裏側も確認しなくてはならない。

しかし、注意していてもこのような事故は起きる。起きてしまった場合は、謝罪しその上で弁償しなくてはならない。また、このような場合、応急処置も必要になる可能性がある。店には裁縫セットを設置しておかなくてはならない。

なお、このような事故は客席のテーブル、イスだけで起きるわけではない。トイレの洗面台、カウンター、レジ台、サービス台でも起きる可能性があるので、清掃のマニュアルには、そのような箇所の点検も明記しておかなくてはならない。

3 イスが油で汚れていて衣服にシミができた

前の客がイスに油を落として退店した。後片づけの時気がつけばいいが、それを見落としてしまった。そのため、次に座った客の衣服がシミになってしまった。このようなことは、イスだけではなく、テーブルでも起きる。

この場合、謝罪して、おしぼり等を持参し、応急の処置をして、クリーニング代を負担する旨を告げなくてはならない。このように、クリーニング代を負担しなくてはならないようなケースは結構起きるので、店は標準的なクリーニング代、シミ抜きの料金は把握しておく必要がある。

4 前客の汚れがある

テーブルに、

①パン屑が残っている→クロワッサン、バケットの場合、パン屑は散乱しやすい
②水滴が残っている→光線の具合いで見にくい場合がある
④カスターセットにソースが垂れている

といった例は結構多い。これは店のだらしなさにつながるものとなる。こんなこまかいことでも悪評が立つおそれはあるので注意がいる。テーブルの後片づけは、基本サービスマニュアルに明記されていなくてはならない。要点は、

①テーブルに汚れ、水滴の残りはないか
②テーブルの縁、裏は綺麗か
③カスター・セット、紙ナプキンの量は足りているか
④テーブルのグラつきはないか
⑤イスに汚れはないか

⑥テーブル、イスに破損はないか
になる。

5 天井からの落下物でケガをした

天井に設置されているものは、
①照明器具→ダウンライト、シーリングライト、コードペンダント、シャンデリア等
②スピーカー→天井埋込、天井吊り下げ
④装飾物→季節装飾物等
である。これらは施工業者が取り付けた場合は、よほど程度の悪い業者でない限り、まず落下するようなことはない。仮に落下する状態になったとしても、①②は配線がしてあるので、落下を防いでくれるはずだ。

だが、シャンデリアのように極端に重量があるものは落下の例もあるので、年に2回程度は点検が必要である。

意外に危険なのは、店が取り付けたクリスマスとかハローウィン等の季節の装飾品である。天井は下地組をして、ボードが貼ってあるのだが、そのボードに取り付けた場合はそ

れらが落ちる可能性はかなり高くなる。できれば、通路の天井に飾りつけるようにしたい。通路なら落下した時の危険性は低くなるはずだ。

万一落下という事態が起きた場合は、事故の度合により対応は異なってくる。軽度なものなら謝罪し、ケガがあるなら、応急処置をして病院まで同行、治療費の負担を申し出ればいい。

しかし、シャンデリアのようなものが落下した場合、大きいケガをしてしまう可能性がある。このような場合は、救急車を要請しなくてはならない。警察にも通知し、事故の原因を究明しなくてはならない。

6 壁画が落ちてケガをした

壁には、額入りのポスター、絵画、メニューパネル等が飾ってある例が多い。これらは、店が付ける場合がほとんどだが、しっかりとした下地の入っている部分に付ける必要がある。したがって、施工業者とか設計者に下地の入っている部分を確認して取り付けた方がいい。

万一落ちてしまった場合でケガが発生した場合は、謝罪し病院まで同行、治療費の負担を申し出なくてはならない。たいしたケガではないということで、いい加減な処置は禁物である。後日大事にならないためには、しっかりとした対応を心がけなくてはならない。

7 地震や火事の場合の対応

日本は地震が多いことで有名な国である。同じ天災でも台風などは、予知されるので、ある程度は備えることが可能なのだが、地震は全く予知なしでやってくる。よくある例は、地震が起きた時、店側がパニックになってしまう例であるが、店側は冷静になることが大事である。

震度が小さい場合は、客に席を動かないようお願いしなくてはならない。大きい地震の場合も同じで、急に席を立たれるとかえって危険である。

多少おさまったら、できるだけ安全な席に移動してもらうように誘導したい。よくあるのは、客が席を立って外部に逃避しようとする例だが、これはかえって危険だ。落ち着いてから外部に誘導する。

その時は、

①できるだけ建物から離れた位置に誘導する→上部からガラス等が落ちてくる可能性が

ある

②塀等のそばは避けて誘導する→ブロック塀は崩れる可能性がある

といった誘導をするといい。また、震度が大きい地震の場合、追っかけて大きい地震が起きる可能性があるので注意がいる。

なお、別掲4は地震に備えての店の対応策の一覧である。

次に火災であるが、これは自店が注意していればいいという問題ではなく、もらい火というのもある。対策としては、消火器は厨房と客席に各1台、最低2台設置しておき、その使い方は全員が習得しておく必要がある。厨房で起きた火災とかタバコの火の不始末から起きた火災は、ほとんどのものが消火器で対

【別掲4】

地震に対する備え

	摘要	備考
備え	できるだけ引戸式戸棚にする	単なる棚だと地震時乗せたものが落下する
	酒等のビン類を飾る棚は転び止めを付ける	転び止がないと落下する
	戸棚の開き戸にはラッチ機構をつける	ラッチ機構があれば戸が簡単には開かない
	客席の高所には、ガラス製品、磁器等をおかない	地震時落下すると即ケガにつながる
対応	ガスを消す、元栓をしめる	通常大きい地震の時は止まるようになっている
	電化製品のスイッチを切る	停電が併発する可能性があり、通電した時の対策
	慌てて外に逃げない	外部の方が危険が大きい
	クッションがあるらそれを配る	頭部を守るため、ない場合テーブル下避難
	外部に誘導する場合、建物から離れた場所	上階のガラスが落下、塀が倒れてくる
	正確な情報の伝達	誇張された情報はパニックを大きくする

応できるはずである。

その他火災の原因としては、ダクト火災、漏電による火災がある。火災になった場合は、客がパニックになり、それが原因で事態が大きくなる例が多い。そこで、まず客に安全に誘導することを告げ、スムーズに安全な場所に誘導する必要がある。なお、火災時、地震時の対応法は、マニュアル化しておいた方が安心である。

8 高齢化社会で起きる飲食店の危険性

高齢化社会である以上、飲食店は若年層だけをターゲットにしていたのでは成り立たなくなる。したがって、高齢者をターゲットにできる店づくりを考えていかなくてはならない。

そのためには、高齢者でも安心して利用できる安全な店づくりを心がけなくてはならない。例えば、

①段差をできる限り無くす→高齢者は下半身筋力の低下、平衡感覚機能低下、視力の低下で、5㎜程度の段差でもつまづく
②段差をつける場合、ある程度高さがあった方がいい→低いと見落とす可能性が高い

③階段等の踏みしろは最低でも240㎜は必要→踏みしろが小さいと、降りる時危険性が高い
④随所に手摺を付ける→デザイン性の高い手摺なら、これがインテリアデザインになる
⑤多少通路幅を広くする→高齢者は平衡感覚能力が低下しているので、狭すぎる通路だとテーブル等でぶつかる可能性が出る
⑥トイレの床は滑りにくい床材にする→床は濡れやすく滑りやすいので、危険性を前提に、設計施工に当たりたい。
などを考慮した店づくりをする必要がある。

4 レジ・会計に関する危機管理の接客サービス

レジ係というのは、客の会計をし、金銭のやり取りをするのがメインの仕事なのだが、実はそれだけではない。客というのはフロアーで不満があっても、それは口にせず帰る場合が多い。しかし、金を支払う時には実は「不満だった」というのが態度に出るものなのである。例えば、いつもは微笑みを浮かべている人が、その日は苦虫をかみしめた顔をしているとか、いつもは静かに金を置く人が投げつけるようにおくとか、なんらかのサインにも似たものが出るわけだ。このような客をそのまま帰してしまえば、レジ係としては失格である。その人はサイレントクレーマーになってしまう。

もし、ちょっとおかしいなと感じたら、

「フロアーで何かミスでもございましたでしょうか」

と聞かなくてはならない。

「いや、何にもないよ」

といわれればいいが、客は聞かれれば不満はぶちまけてくれるものなのである。不満がわかれば、それに謝罪することができるし、その不満に対処することが可能である。これでサイレント・クレーマーにならせないで済むわけだ。つまり客の減少は防げたことになる。

1 釣銭の準備がない

十分な釣銭を用意しておく。これは飲食店にとっては義務だといわなくてはならないはずだ。また、釣銭は予備分の準備しておく必要がある。釣銭が途中で不足しそうになったら、早めに予備の釣銭と両替しておく必要がある。

会計の段階になって、釣銭が不足し慌てて両替するようでは、おまけに予備の釣銭にもその貨幣がないといったことになれば、客を長い時間待たせてしまうし、管理の悪さを露呈してしまうことになる。

なお、メニュー価格だが、消費税が内税になっている店もあれば、外税になっている店もある。外税になっている場合、釣銭には、1円、5円が必要になる。

しかし現代は両替にも経費が必要な時代である。したがつて内税を採用した方が経費的には有利である。しかも作業も効率がよくなるはずである。

また釣銭だが、中には汚れた札、切れたのを貼りつけた札、落書きがしてある札、シワシワのものも含まれているので、そのようなものは釣銭として使用しない方がいい。そのようなお札は別に価値が下がるわけではないのだが、もらった方はあまり気分のいいものではない。

2 伝票に間違いがある

会計の時、

②「これ、もらったものと違うよ」
③「これは頼んでないし、出てもいないよ」
④「○○の数が一つ多くついてるよ」

とクレームがついた。このような場合に、接客係を呼んで確認したり、カウンターまで行って確認したりしている例は結構ある。これでは客のイラ立ちはピークに達してしまうことになる。このような場合、客が嘘をいうようなことはまずない。すかさず謝罪して、訂正し、会計を済ませなくてはならない。

このようなことが頻繁に起きるようだと、店の信用は地に落ちてしまうので注意がいる。

3 接客最優先になっていない

例えば、売上の計算をしていたところに客が会計にやってくる。このように何かをやっているところに客がやってきた場合で、その作業がもうすぐ終わるという場合、

「恐れ入ります、少々お待ち下さいませ」

と丁寧に告げ、現在の作業を優先する。しかしこれは、間違った対応になる。飲食店が心がけなくてはならないのは、

※接客最優先

なのである。したがって計算作業は即刻中断、まず会計業務に当たらなくてはならない。

こんなことで客にイラ立ちが起これば、これは立派なクレームである。

このようなことは、レジ以外の場所でも結構起きている。例えば、

①同僚との打ち合わせわしている

②上司と打ち合わせをしている

といった時、客から声がかかる。こんな場合も打ち合わせは即刻やめて、接客を優先しなくてはならない。

4 客が読めない伝票

伝票にオーダー品を書く場合、略語になっている場合が多い。例えば、

①IC→アイスコーヒーの略
②ILT→アイスレモンティの略
③レスカ→レモンスカッシュの略
④BSR→ビーフシチュー、ライス付きの略

となっている。飲食店を頻繁に利用している人なら、この程度の略語は想像で理解してもらえるともいえなくない。でも中には全く理解できないものもある。そのようだと客は不安を感じてしまう。意地の悪い客だと、一つ一つ商品を確認するという事態にもなりかねない。次々に会計の客がやってくれば、待たされている会計の客からもクレームが出てしまう。

略語を使ったからといって、時間が大幅に短縮されるわけではないので、できれば伝票は客が理解できるように記入したい。また、オーダーを通す場合もできるだけ略語は避けた方がいい。

なお、飲食店の場合、会話の中にその店でしか通じない隠語的なものがある。このようなものは客の前で使ってはならない。それが悪口なのではないかと誤解される場合があるからだ。

5 釣銭の計算は正確に

釣銭を計算し表示してくれるような高度なレジ機を使用している場合は、この間違いは起きないのだが、一般的に普及している普通のレジを使っている場合、暗算計算になる。したがって、計算間違いは多々起きるといわなくてはならない。また、数え間違いというのもある。このようなことが頻繁に起きると、客としては非常に不安である。

また、店の信用にもかかわる問題だ。したがって、複雑な釣銭になる場合は電卓で計算するようにしたい。

6 会計時の正しい接客用語

会計の時絶対に実行しなくてはならないのが、

①会計金額の伝達→「お会計は○○○円でございます」または「○○○円頂戴いたしま

す」

②出された金額の確認↓「5千円お預かりいたします」または「丁度いただきました、ありがとうございます」

③釣銭の伝達↓「○○円のお返しになります、ありがとうございました」

である。これを怠ると、「釣銭が違う、出したのは1万円だよ」というようなトラブルが起きる可能性がある。そして実は出された金額を口にするだけではなく、預かった紙幣等は、すぐレジ内には入れないようにしなくてはならない。

預かった紙幣はレジカウンターに置き、釣銭を出してからレジにしまうようにしなくてはならない。このようにすれば、「今、出したのは1万円だよ』ということは起きないはずだ。

このようなケースでは、客側に錯覚がある場合もあるのだが、預かった紙幣をレジに入れてしまったのでは証拠がないことになる。結果的には客の主張が通ってしまうので注意がいる。

また、中には悪意でこの行為におよぶという客もいる。したがって十分注意しないと店は損失が大きくなる。

7 伝言等を頼まれたのを忘れる

ビジネス街に多いケースとしてあるのが、伝言等を依頼されるという事である。そしてこれを確実に実行するというのも、サービスの一環であり、これが確実に実行されれば、店の信用度合は高くなる。

だが、このようなことは、忘れた事により一大事につながる可能性もある。それが、重要な取引と関係していれば、客に大きな損害を与えることにもなりかねない。

したがって、このようなことは、ノート等を作成して管理し、忘れたという事態を防がなくてはならない。

8 電話等で依頼されたことを忘れる

現在は携帯電話が普及したので、客の呼び出しとか、客への伝言というケースはほとんどなくなった。だが稀に電話で客を呼び出してほしいとか、伝言を頼まれるケースがある。まず、呼び出しの場合、「○○様お電話がかかって居ります」と大きい声で呼び出したり、客席を回って呼び出したりしている例があるが、これでは他の客に迷惑がかかるし、店の雰囲気もこわれてしまう。したがってこのような呼び出しはボードに記し、客席を回るようにしなくてはならない。

また、客への伝言はノート管理をしなくてはならない。

9 携帯電話がうるさい

携帯電話の話声というは結構うるさく耳ざわりなものである。遠慮しがちに小声で話してくれていればまだしも、そのように遠慮がちな人は少ない。

飲食店は雰囲気も売り物の一つである。したがって携帯電話の通話は、

※客席での携帯電話の通話はご遠慮下さい

というような表示をした方がいい。それでも、そんな告示など無視し通話を行なう客は結構多い。このような場合は、「恐れ入ります、携帯電話の通話はご遠慮ください」とお願いしなくてはならない。

もし、スペースがあるのなら、携帯電話が通話できるスペースを作ると、携帯電話がうるさいというようなクレームは避けられるはずだ。

10 消費税の外税でトラブル

価格は総額表示が義務づけされている。したがって客側は何の表示もされていない場合、消費税は含まれた金額と解釈する可能性が高い。そこで起きるのが、会計の段階で消費税がプラスされた金額か告げられた時である。「消費税は込みだと思っていた」といわれてしまうトラブルである。

このトラブルを避けるためには、メニュー表の目立つ位置にそれが明記されていなくてはならない。それでも「そんなのは見なかった」といわれる可能性もある。このような場合、謝罪されても客は釈然としない気分で帰ることになる。その結果、次回の来店が期待できない可能性がある。そうならないように、できるだけ総額表示にしておいた方がいい。

11 頼んでいないもの、理解できないものが伝票についている

居酒屋のように酒が中心になっている飲食店の場合、付き出しが勝手に出され、その料金を取られる場合が結構多い。

客の立場とすれば、勝手に出したのだからサービスなのではと考える人も多いはずだ。

だが、ほとんどの店がこのようなシステムになっているので、日本人の場合、これでトラブルになる例は少ないが、外国人の場合は100%に近い数字でトラブルになる。したがって外国人の場合、付き出しを勝手に出すのは考えものである。それも従業員が外国語に堪能で、それを的確に説明できればいいが、そうでない場合はなおさらである。他にもトラブルになりそうなものが、

※席料、サービス料

である。このようなものが別途にかかる場合は、これもメニュー表に明示しておかなくてはならない。

5 その他の危機管理の接客サービス

1 表示が不明確

店頭には、いろいろな表示がされている場合が多い。だが、その表示が不明確では表示をする意味がない。例えば、

①まだ営業していないという表示→準備中となっているのが多いが、これでは言葉足らず、何時に開業するのかの明示がいる→お待たせいたしております、○○時に開店いたします――となっているべきだ

②開業時間になっても準備しているという表示のままになっている→ドアーを開け「いいの」と叫ばれる→気の弱い客とか、初めて利用する客だと帰ってしまう

③営業しているという表示→営業中となっている例が多いが、これでは不親切だし横柄な印象を与える→「いらっしゃいませ」または「営業時間のご案内○○時～○○時」となっているべきである

④置き看板が隅の方に置いてある→営業していることが分かるような位置に出しておかなくてはならない
⑤夜の営業の表示に変わっていない→二毛作店の場合は、夜の業態になったことの明示が必要
⑥譜面台等のメニューが昼のままになっている→昼と夜でメニュー内容が異なる場合は、メニューは変えなくてはならない
⑦入口ドアー付近、天井の照明がついていない→昼でも照明を点灯しないと暗いという店は、照明が消えていると営業しているという活気が出ない
⑧靴ずりマットが汚れている→これが汚れていると、営業していないサインになってしまう
⑨犬走りに汚れがある→犬走りも店舗の一部であり、汚れているのは清掃前という感じになり、営業してないサインになる
というようなことになっていれば、表示もサインも全く意味をなさないといえる。
これらは、チェックリストにして、開店前にチェックしなくてはならない。

2 伝言、引き継ぎの悪さでトラブル

早番から遅番へ、公休者から出勤者へ等、引き継ぎ事項とか伝言は結構ある。このようなことは記憶や口頭での伝達だと、忘れてしまったり、言った、聞いてないというような状態が起きる。そこでできればノートなどに記入し、各人がそれを確認するというようにしたい。例えば別掲5のようなものを作り、確認し合うようにすれば、このトラブルは避けられるはずだ。

特に、客が絡んでいる場合は、大きなクレームに発展する可能性があるので注意がいる。

	要点	特筆事項	確認済
	○○様の忘れもの、20：00ごろ取りにみえる	レジ台引き出しにあり	確認
	○○様より電話あり、広告原稿の件	電話ほしい	確認
	○○様ランチで来店 5.20 の予約の料理内容の打合したし	電話ほしい	確認
	トイレ内ブラケット電球切れあれ、18時に電球がとどくので、取替よろしく		確認
	E食肉より電話、スペアリブ納入の件	電話ほしい	
	10：00 ○○様来店、○○様よりの預かりものあり、渡して下さい	レジ引き出しにあり	

3 電話応対の悪さは店の悪印象につながる

まず、。私用電話の取次は緊急の場合を除き、一切禁止というのが基本である。また、納入業者等からの電話も、用件のみにとどめておかなくてはならない。慣れてくると用件が終わってから雑談しているのを見かけるが、これは客から見て感じがいいはずがない。

なお、電話応対の基本は、

①店に電話がかかってきたら、まず店名を告げる↓「○○でございます」または「お電話ありがとうございます、○○でございます」↓相手から「○○ですか」といわれるようでは失格である

②お客様からの場合↓対応できる場合は対応、対応できない場合は、対応できる者を呼ぶ↓「係のものと代わります、少々お待ち下さいませ」

③店の者への公用電話の場合↓たとえ上司の場合でも敬称はつけず呼び捨てにし、「○

【別掲5】

日付	時間	記入者	相手先	
18.05.02	13：30	○○A子	○○C子	
18.05.02	15：15	○○B子	店長	
18.05.02	15：20	○○B子	店長	
18.05.02	16：00	○○A子	○○C子	
18.05.03	22：00	店長	調理長	
18.05.03	22：15	○○C子	○○A子	

○でございますね、少々お待ち下さいませ」

④電話が終了した場合→相手が切るのを待って電話を切る→こちらが先に切るのは、かなり感じが悪い

である。特に注意が必要なのは予約の電話で、この対応が悪いと、予約するのをやめられてしまう可能性もある。

4 予約のトラブル

予約におけるトラブルは結構多い。トラブルとしては、

①予約を受けた者が、その予約を忘れていた

②予約時間を間違ってしまった

③予約で準備しておくべきものが準備されていない→例えば、カードとか花束等の準備を頼まれていたものなど

④予約した料理と店で出された料理内容が違う→予約では牛肉はサーロインとしたのに、ヒレがサービスされた→念のため当日再確認する必要がある

⑤席を指定したのに、その席と違う→客によっては、その席が好きだというこだわりの

ある人もいるし、大事な思い出とつながっていたりもする

⑥予約しているのに料理の出るのが遅い→予約の場合、あらかじめ準備し、客が着席したらすぐサービスが開始されなくてはならない

…などが考えられる。万一ミスがあった場合、謝罪はもとより、ミスを取り返すべく全力投球して誠意を見せる必要がある。

さて、予約で最も大きなトラブルになるのが多人数、例えば10人以上の予約である。それが、キャンセルの連絡もなく、当日来店されなかったということになれば、店側はそのための仕入、仕込をしてしまっているので、大きな損害につながってしまう。

このようなことは、故意にやられる場合もあるので注意がいる。したがって、

①電話予約を受けたら、必ず折り返し電話で確認する

②来店予約の場合は名刺交換をするか、連絡先を確認する→電話、メールアドレス等

④前日に、再確認の電話をする

といったことを実行しなくてはならない。中には悪意の予約といって、最初から来るつもりのない予約もあるが、これも前述したことを実行していれば防ぐことができる。

5 客の忘れものの処置

客が退店する場合は、忘れものがないか等に注意を払う必要がある。万一客が退店後に忘れものに気づいた場合は、大事に保管しておかなくてはならない。もし顧客で連絡先が分かっているのなら、連絡して忘れものを預かっている旨（むね）を連絡すればかなり親切だ。

忘れものが貴重品である場合、例えば財布とかジュエリーのようなものであった場合は、客が取りに来たら、何色の財布かなど本人のものかどうかを確認してから返すようにしなくてはならない。ごく稀にだが、渡してしまってから本当の持ち主が現れたという例もある。こんなことになれば、それこそ一大事で、下手をすると損害賠償要求にまで発展する場合がある。

なお、30日を過ぎても持ち主が現れず、貴重品の場合は警察に届け出るという処置が必要である。

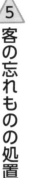

6 預かり物の渡し間違い

客のコート、手荷物を預かった場合、それを渡し間違えるというトラブルが起きる。間違って渡された方が気づいてくれればいいが、帰宅してから気がついたということもありうる。こんな場合の間違えられた側には、謝罪し連絡先を確認して2日程度待っていただくようお願いしなくてはならない。間違って渡された方も帰宅してから気がつけば必ず連絡してくるはずである。そして、このような場合こちらが出向き、交換する申し出をする必要がある。

また預けたコートの中に入れてあった財布がなくなっている。このようなクレームが起こる場合もある。最悪弁償しなくてはならない事態も起こる。

このような事故を防ぐためには、コート等を預かる場合は「貴重品はお席にお持ちくださいますようお願いいたします」とかならず告げるようにすることが必要である。また、

※貴重品等はお席にお持ち下さいますようお願いいたします

という掲示をすることも必要である。同時にクローク札等で厳重な管理が必要である。

7 傘の取り違い

傘立てが鍵付きのものや、傘袋を使用している場合は、取り違いはまず起きないが、共同て差し込むような傘立ての場合は、「私の傘なくなっている」というようなことが起きる。このような場合は代わりの傘を貸して、2、3日待ってもらい、傘が返却されたら、お返しするという処置を行わなくてはならない。

もし、傘が返却されなかった場合は、お詫びして弁償する必要も出てくる。

なお、傘袋使用の場合、傘を取り違えるという事態は起きないのだが、どうしても店内に飛沫が飛んだりして、床が濡れて滑りやすくなる。濡れたところを見つけたらこまめに拭き取らないと、今度は滑ってケガをされる可能性が出てしまうので、十分注意しなくてはならない。

8 子供客がうるさい、とクレームがつく

クレームをつけた方も、つけられた方も、両方とも客なので非常にむずかしいクレームといえる。幼稚園が近隣住宅からクレームがつくので、その対策に苦慮しているのを見て

も分かるように、幼稚園年代、小学校低学年の声はかなりうるさく感じるものなのである。その上通路を走る、他の席を覗きに行く、とにかくじっとはしてくれていない。

しかも、親はなかなか注意をしないし、注意しても、なかなか親のいうことを聞かないのが通例である。しかし、クレームがついた以上これをほったらかしにすることはできない。こんな場合は責任者に報告し、責任者が丁重に、「恐れ入ります。他のお客様のご迷惑になっておりますので」とその旨（むね）を客に告げる必要がある。

なお、子供連れ客は入店時、多少騒がれても他の席に迷惑のかからない席へ誘導することも大事である。さらに、子供が喜びそうな玩具的なものを用意しておき、それを貸し与えるというようなことも考えておきたい。

9 他の客がやかまし過ぎると、クレームがつく

アルコールドリンクスがある店の場合、アルコールが入ると、客がどんちゃん騒ぎすることもある。特に団体客の場合、そのような例が多い。大衆酒場とか居酒屋の場合、ある程度喧騒なムードになるのはやむを得ないし、それも活気の一つとして理解してもらえるが、雰囲気を重視した店の場合は、そのようになれば当然クレームがつくことになる。こ

のような場合は責任者に報告して、その処置をしてもらわなくてはならない。しかし、騒いでいる客も客なのだから、丁重にお願いするというやり方で注意を喚起しなくてはならない。当然、クレームをつけた客の方にも責任者が謝罪することが必要になる。

10 客同士が喧嘩になる

原因は些細なことが多いのだが、客同士が喧嘩になることがある。言い争い程度の喧嘩の場合は、責任者に報告して仲裁に入ってもらわなくてはならない。この場合、絶対に避けなくてはならないのが、どちらかに偏る仲裁をしてはならないということである。そのようなことをすると、結果として店とのいい争いになってしまう。このようなことが起きた場合は、両者を離れた席に移ってもらうのも一つの手である。

なお、滅多に起きることではないが、殴り合うというような大喧嘩になった場合は、取りあえず仲裁に入り、両者を店外に誘導しなくてはならない。また、大喧嘩になれば、ケガがともなうこともある。

このような場合は、

①救急車を呼ぶ

②交番に通知する

といった処置も必要になる。

11 ホームページと内容が異なる

現代はインターネット全盛時代である。店がホームページ開設していたり、グルメサイトに掲載していた場合は、そこに掲載されている内容と店での内容が異なるというのは禁物である。例えば、

②営業時間が違う、定休日が違う

②ランチタイムの時間が違う→ランチタイム12時～14時となっていたのに、13時40分にランチを頼んだらランチタイムは終わりました、といわれてしまった

③ネットでクーポン券を印刷し、持参したら期限切れで使えなかった→たしかに、期限が載せられていていて期限は切れていたのだが、客は期限などみていない、期限が過ぎたらクーポン券自体を削除しておく必要がある

といったことでトラブルになったり、クレームになったりするので注意しなくてはならない。

12 料理提供が遅すぎる

「ちょっと、エビドリアまだ？」

と声がかかる――こんなシーンをよく見かける。

日本人は世界有数のせっかち人間である。したがって、時間のかかるものは、オーダー時にその旨を告げ、了解してもらわなくてはならない。

こんな場合は、客から声がかかる前に、

「お待たせ致して居りますが、もう少々お待ちくださいませ」

と声をかける必要がある。これで遅くなったことはクレームにならないで済むはずだ。

13 作ることができないものがサンプルケースに入っている

サンプルケースに入っていたので、そのメニューをオーダーしたら、「今日はできない」と断られた。

たしかにプライスカードは裏向きになっていた。しかし客はそんなものまで確認していないことが多い。できないメニューは、サンプルケースから外しておかなくてはならない。

また、メニュー表の場合も同じで、そのメニューはやめてしまったというのなら、メニュー表から消しておかなくてはならない。もし、今日は都合でできないというのであれば、オーダーされた段階でその旨（むね）を告げ、他のメニューに変更してもらわなくてはならない。

最悪なのは、作ることができないのにオーダーをとり、やや時間があってから「ご注文いただいたメニューはできません」といってくるパターンである。

14 駐車場での事故

駐車場を備えている店の場合、まず、『駐車場での接触事故、盗難事故については、責任を負いかねます』という表示をしておかなくてはならない。それでも、事故が起きれば知らん顔ができないのがサービス業である。

車同士の接触の場合は、当事者は店にいるのであるから互いに話合ってもらえるのだが、片方がそのまま帰ってしまった場合は、警察への連絡等は店が手伝う必要がある。

また、人身事故も発生する可能性がある。この場合も当事者同士で話し合ってもらうのだが、ケガがともなう場合は、軽傷なら応急処置に当たり、大きいケガなら、救急車の手配、警察への連絡等は手伝わなくてはならない。

15 喫煙客により、他の客の気分が悪くなった

喫煙については、受動喫煙の害が叫ばれすでにかなりの年月が経過している。2018年7月に成立した健康増進法、ここには多数の人が利用する屋内施設は原則禁煙とし、喫煙室のみ喫煙できるというようになっている。そしてこれを2020年のオリンピックイヤーまでに施行するとなっている。もちろんまだ、法案はもみ合っており、確定したわけではないが、そうなればこの問題は大きくなる。

でも現段階においては、このような事態も起きるので、店は禁煙、分煙、喫煙なのかを表示しておく必要がある。

それでもこのような事態が起きた時は、害の少なそうな席に移動してもらい、固く絞ったタオル等を口に当ててもらうという処置が必要である。

なお、テラス席がある場合でテラス席は喫煙可となっている。ただ、今度は近隣からクレームがくる可能性がある。特にマンションの1階の店舗の場合はテラス喫煙も注意しなくてはならない。

16 トイレ等で備品が不足している

例えば、トイレットペーパー、ペーパータオル、石鹸等がない。よくある例である。これでは、店の管理の悪さをひけらかしているようなものだ。それだけではなく、客は困ることになり、店に対して反感を抱くことになる。

トイレは最低でも1時間に1回点検するというようなシステムを作っておく必要がある。このようにすれば、トイレに汚れがあったり、備品が不足したりという事態は防げるといっていい。

17 客のことは決して噂にしてはならない

客のことを店の従業員同士で口にする。これを客が聞いてしまった場合、自分のことも噂されているのではという懸念を抱く。

また、客から他の客のことを聞かれた場合、それを口にしてしまう。これも決してやってはならない行為である。

このような場合、「申し訳ございません、存じあげません」という言葉で対応しなくはらならい。

なお、店の外でも客のこと噂にしたり、悪口をいったりしてはならない。壁に耳ありで誰が聞いているか分からない。

飲食店にも守秘義務はあると考えておいた方がいい。

18 近隣からつくクレーム

飲食店の場合、近隣からもクレームがつく可能性がある。前述してるが、タバコ臭の公害がその一つだが、それ以外には、

②厨房排気が臭すぎる

②店頭にできた行列の話声がうるさい

③テラス席に流れる音楽がうるさい

といったクレームである。

まず厨房排気であるが、壁面から直接外部に排気している場合このようなクレームになる。このような場合は、外部のダクトを影響のなさそうなところまで引くか、上げる。または店内ダクトに消臭消煙装置をつけるというような対応が必要になる。

次に店頭にできた行列だが、これは通行客の邪魔にもなる。したがって、店側はそれを注意することと、できるだけ大声をたてないようお願いしなくてはならない。

次にテラス席の音楽だが、テラスに付けてるスピーカーの音量は調節可能なものにする必要がある。

このようなクレームは客からではないので、直接の営業、経営には関連しないのだが、近隣とは、そこで店を営業している以上ずっと付き合っていかなければならない相手である。したがって対応を間違えたりすると、あることないことを噂されたりして、間接的に経営に影響が出るので注意がいる。

まとめ

　飲食店における接客サービス、その他のサービスというのは、繁盛させるためには必要不可欠な付加価値である。せっかくデザイン性の優れた店をつくっても、研究に研究を重ねて開発した万人が認めるメニューを提供しても、サービスが悪かったりすれば、それらの力が半減してしまう。

　そして、このサービスというのは、ミス、トラブルなくやれれば問題はないのだが、人間がやっていることなので、１００％回避することは不可能なのである。そこで問題になるのが、その時の対応・処置なのである。ポイントは、

※それらから逃げない、誠意をもって対応・処置に当たる

　これに尽きるといっていい。乱暴なことをいわしてもらうなら、実はミス、トラブルは起きても構わないのである。誠意をもって対応・処置に当たれば、それは取り返すことができるのである。そしてそれどころか、その対応・処置で店の価値すら上げることもできるし、客をファンにすることも可能だといっていいのである。

第3章

危機管理の法律対策

弁護士　石﨑冬貴

【著者プロフィール】

1984年東京都出身。早稲田大学法学部、千葉大学大学院専門法務研究科修了。弁護士・フードコーディネーター。現在、横浜パートナー法律事務所所属。飲食店・飲食業界の紛争を専門的に扱うほぼ唯一の弁護士。チェーン展開している飲食店から、個人事業者や飲食店コンサルタントまで、多様な飲食業関係者を顧問、顧客としている。著書に「なぜ、飲食店は一年でつぶれるのか？」（小社刊）がある。

■連絡先
横浜パートナー法律事務所
〒231-0021 横浜市中区日本大通７番地
合人社横浜日本大通ビル8階
TEL 045-680-0572
メール：ishizaki@ypartner.com

1 食品衛生・食中毒に関する法律

1 食品衛生管理の重要性

飲食店にとって最も大切なことは、お客様においしいものを食べていただくことである。と同時に、お客様に提供する食べ物や飲み物は、おいしいだけでなく、安全なものでなければならない。万が一、家に帰ってから体調を崩すようなことがあれば、お客様としても、せっかくの楽しい時間が台無しになってしまう。現在でも、毎年、件数にして1000件、人数にして2万人もの食中毒事件が発生しており、その対策を欠かすことができない。

ここでは、食品衛生や食中毒に関する法律についての全体像を解説した後、実例を交えながら、法的なリスクと、その対策について解説する。また、食品衛生法の改正により、まもなく導入が義務付けられるHACCPについても付け加えたいと思う。

2 食品衛生に関する法律

①食品衛生法関連

食品衛生に関する法律といえば、なんといっても食品衛生法である。その名の通り、飲食店における食品衛生の基本的なルールを定めているものだが、詳しく内容を確認したことのある飲食店経営者は少ないと思うので、簡単に触れておこう。

まず、飲食店を営むためには、都道府県知事等の許可が必要である。営業許可の認否は、都道府県により施設基準が定められており、その基準に適合するかどうか、保健所による立入り調査が行われる。一般的に「飲食店」といわれるお店では、全て営業許可が必要だが、何を提供するか（肉か酒か麺かなど）、どのように提供するか（店内かテイクアウトか移動販売かなど）といった業種業態によって、必要な許可が異なる。必ず、管轄の保健所に相談することが不可欠である。

食品衛生そのものとは少し異なるが、深夜にお酒を提供する場合には、深夜酒類提供飲食店営業として、都道府県の公安委員会（通常は管轄の警察）に届け出が、接待行為（お酌）などすれば、個別の許可が必要など、いわゆる風営法（風俗営業等の規制及び業務の適正化等に関する法律）の適用範囲になる。

食品衛生法上も風営法上も、無許可営業は、2年以下の懲役または200万円以下の罰金、深夜営業の届け出をしなかった場合は、50万円以下の罰金となる。

また、食中毒が発生したとなると、保健所の立入り調査を経て、営業禁止や期間を定めた営業停止、または営業許可自体の取消しといった厳しい処分がなされる上、都道府県等から店名や事業者名、処分の理由などを公表されることになる。現実の経営という面では、こちらの方が深刻な問題を及ぼすことになるだろう。

そのほか、営業許可の基準が都道府県ごとに定められているように、食品衛生関連についても、都道府県ごとに様々な条例（食品衛生法を補足する食品衛生条例や、ふぐの取扱い方法を定めた条例など）が定められている。飲食店や喫茶店を営業する際には、店舗ごとに食品衛生責任者を置かなければならないが、この規定が定められているのも、都道府県の条例である。

このように、食品衛生法やそれを受けた個々の条例など、食品衛生関係の法律は非常に複雑なので、必ず、管轄の保健所や自治体に相談すべきである。

②民法関連

食品衛生法などは、許可や届け出といった国や自治体との関係を定める法律である。食中毒などを起こした場合には、これとは別に、民法や製造物責任法（ＰＬ法）に基づいて、被害者から損害賠償請求を受けることになる。

一般的に問題になるのは、体調不良そのものが本当にそのお店の食事が原因で発生したのかといった因果関係、及び因果関係があることを前提として、実際に生じた損害はいくらかといった損害の点である。

因果関係については、保健所から出される調査結果が重要である。医師は、患者に食中毒の可能性ありと診断した場合、食品衛生法上、保健所に通報しなければならないと定められているため、疑わしい場合には、保健所が必ず調査を行うはずである。食べたものと検出された細菌やウイルスとの関連性、前後の食事の内容、同時期に同じものを飲食した方の状況などから総合的に判断されることになる。

因果関係があると判断された場合、一定の損害賠償義務を負うことになるが、当日の食事代や入院・通院実費、休業損害、慰謝料などの負担が一般的である。休業損害については、給与所得者であれば、直近の平均賃金などから算出するが、自営業者の場合は、経費や代替人員などの関係で複雑になる。慰謝料については、入院・通院期間や、後遺症が残った場合にはその程度などから算定することになるが、一般的には、交通事故の場合に用いられる損害賠償額算定基準（いわゆる「赤本」）を基にすることが多い。

一度病院に行って終わり、ということであればまだ救いがあるが、重篤な症状に至れば、事業者として回復困難な損害賠償義務を負う場合もある。有名なユッケ事件（平成23年、石川県金沢市を中心に展開していた焼肉店のユッケなどを食べた多数の客が食中毒になり、5人が死亡、24人が重症となった事件）では、最終的に約1億6，900万円の損害賠償が認められている。

直接的な損害賠償に限らず、食中毒は、風評にも致命的な影響を与えるので、財産的な損害は計り知れないといってよい。

③刑法関連

法律違反が悪質であったり、生じた結果が大きい場合には、刑事罰が課されることもある。

店の責任で食中毒が発生した場合、過失が認められれば、業務上過失傷害罪や業務上過失致死罪として、5年以下の懲役や100万円以下の罰金に問われることがある。

前述の食品衛生法に違反した場合も、様々な罰則がある。腐敗したものや有毒な食品を販売すれば、3年以下の懲役または300万円以下の罰金、無許可営業は、2年以下の懲役または200万円以下の罰金、営業停止中での営業は、1年以下の懲役または100万円以下の罰金になる。

通常の犯罪では、懲役か罰金かどちらかが課されるが、食品衛生法では、悪質な場合、懲役刑と罰金刑が両方課されることがある上、過失のあった従業員に限らず、従業員を雇用していた法人や経営者そのものも同じく罰せられることがある(これを両罰規定という)。

先ほどのユッケ事件では、食中毒は予測できなかったとして、経営者は不起訴となったが、さらに有名な乳業メーカーの集団食中毒事件*では、停電により脱脂粉乳の原料に黄色ブドウ球菌が増殖していたにもかかわらず、そのまま出荷し、また、営業停止を避けるため保健所に虚偽の報告をした元工場長に対し、業務上過失致傷罪で禁錮2年(執行猶予3年)、食品衛生法違反で罰金12万円の刑事罰が課されている。

このように食品衛生は、刑事事件に発展することもある非常に重要な問題なのである。

＊平成12年、乳業メーカーが販売した乳製品を飲んだ子供が食中毒になった事件。対応の遅れが原因で、1万人以上の被害者を出し、戦後最大の食中毒事件といわれる。

3 対策

①許認可関係

まず、当然のことだが、飲食店を経営する以上、必要な許認可は全て取得しなければならない。

飲食店は、許認可が非常に厳格に、また複雑に定められている業界である。そして、業種業態によって、必要な許認可が異なるので、保健所や自治体など管轄当局にしっかりと相談する必要がある。よくわからない場合には、専門家にアドバイスを求めることをおすすめする。

②「予防」

すでに第1章で解説済みなので、詳細は避けるが、食品衛生の基本は、食品を細菌やウイルスに感染させないという「予防」である。

これまでは、「付けない」「増やさない」「消滅させる」といういわゆる「予防三原則」を基本として、「肉は中までよく焼く」「定期的に消毒・清掃する」といった感覚的なものだったが、菌やウイルスは目に見えないので、感覚的なものでは十分に予防することができない。

日本でも、今年、食品衛生法が改正され、国際的な標準方法であるＨＡＣＣＰ（危害分析と必須管理点）の導入が決定した。近い将来、この方法が全ての事業者に義務付けられる可能性があり、そのための準備が必要である。

ＨＡＣＣＰという横文字を並べると難しく感じるが、要は、食材の仕入れルート、保存方法、メニュー、提供方法など、個々の店舗によって、食中毒のリスクがある過程・ポイントは全て違うので、店ごとに危ないポイントを事前に分析しておいて、そこを重点的に対策を立てておこう、ということに過ぎない。

一見面倒だが、食品衛生リスクを低くすることができるとともに、「日本食はヘルシーで、日本の食べ物は安全だ」と理解している外国人や富裕層向けへのアピールポイントにもなるはずである。

③「事後対応」

食品が有機物である以上、どれだけ食品衛生管理を徹底しても、食中毒などの食品事故は起こりうる。そのため、飲食店としては、実際に事故が起こってしまった場合の対応（危機管理）についても、あらかじめ準備しておかなければならない。現実に食中毒が発生した場合、素直に自己の責任を認めるのは容易ではなく、また、通常は損害保険にも入っていることから、保険会社任せになり、あまり積極的に対応しないことがほとんどである。しかし、いざというときの対応方法を誤ると、後述する例のように、問題を起こした店や事業だけでなく、企業全体に致命的な影響を与えかねない。

まず重要なのは、それ以上被害を大きくしないために、事故が起きたことを迅速かつ的確に広報することである。自分の店、自分の商品がきっかけで、深刻な食中毒が起きたという可能性が判明した場合、すぐにその商品を食べたり購入した可能性のある客に対し、連絡を取る必要がある。実際問題として、客の個々の連絡先まで分かっているケースはほとんどないので、保健所に通報するとともに、ホームページや店頭で示すなどの対応を速やかに取りたい。物販やテイクアウトなどの場合には、広報の遅れによって、事故が拡大することもありうる。実際に、先述の乳業メーカー事件では、保健所などから食中毒の可能性があるという情報が入っていたものの、回収までに2日かかったため、莫大な被害者数になったのである。

また、深刻な事件が起きた場合には、担当者レベルではなく、代表者自らが、誠実に謝罪を行わなければならない。平成27年に起きたハンガーガーチェーンの異物混入事件（青森県内のハンバーガーチェーンで販売したチキンナゲットから異物が発見された事件）では、記者会見に現れたのは上席執行役員で、「社長は帰国中である」「現時点で社長が直接公の場で説明する予定はない」と回答し、世論から社長は逃げていると猛烈な批判を受けた。私の経験上も、「最初に社長などの責任者から気持ちよく謝ってもらったら、ここまでの気持ちにはならなかった」といわれたことがある。

そして、当然だが、情報については絶対に隠ぺいせず、全てを公開する必要がある。平成18年の洋菓子メーカーの事件（期限切れの牛乳を原材料として使用していた事件）では、社内で事件が発覚していたにもかかわらず、内部告発によってマスコミがリークするまで、全く報道をせず、同チェーン全体の評判が悪化した。

以上のような事件直後の対応が終われば、次は、原因究明と再発防止策の制定行う必要がある。

食品衛生、特に食中毒の場合、事故の原因を究明するにあたっては、専門的な知識が必要なので、専門家に調査を依頼すべきである。「ノロウイルスが原因だ」というのは結果であって、原因の究明とは、どこからどのようにウイルスが混入したのか、なぜそれを防げる体制ができていなかったまではっきりさせることを意味する。

原因が分かれば、最後は再発防止策の制定である。もちろん、まずは、直接的な原因に対する再発防止策を検討する必要がある。従業員からノロウイルスがうつったのであれば、従業員の体調管理や手洗いの徹底などの対策を講じるのは当然である。しかし、もっと根本的な原因についても考えてみる必要がある。そのほかの衛生管理はできているのか、そもそも、衛生管理について何の注意も払っていなかったのではないかといった問題点が出てくれれば、自ずと、対応の方法も、もっと根本的なものに変わっていくだろう。そこまでやらなければ、従業員からのノロウイルス感染を防げたとしても、今度は牛肉からのカンピロバクターで食中毒が発生するかもしれないのである。

また、対策の方法は、抽象的なものや絵空事のようなものではなく、現実に実施することができ、かつ、実効性の高いものである必要がある。厨房器具から感染したという原因であっても、全ての厨房機器を新品に取り換えるというのは現実的ではないし、そこまでする必要もない。全てを消毒した上で、付着した原因を調査し、今後付着しないようにすればよいのである（もちろん、機材の老朽化などが原因であれば、新品に取り換えるという対策になることもある）。店に過度な負担を与えるような無駄なことはせず、必要かつ十分な対応を行うためにも、正確な原因究明が必要である。

加えて、再発防止策を徹底すべく従業員の教育も欠かすことができない。私のクライアントでも、食品事故が発生しかけたケースで、その発生の経緯と原因、仮に発生していた場合の民事上及び刑事上の責任をまとめたものを、関係従業員に配布し、社員教育に活かしたという例がある。それ以来、そのクライアントでは同じ問題は発生していない。

このように、再発防止策は事故の原因を徹底的に究明した上で行うことになるが、理想的なのは、当然ながら事故そのものを起こさないことである。事故が起きた時に、すでに存在していたリスクが表面化する、というだけで、リスクそのものは元から存在しているのである。したがって、理想は、現時点でリスクを分析し、予防を講じておくことといえる。ちょうど、ＨＡＣＣＰが義務化されるところである。食中毒などの事故が起きる前に、ぜひ一度立ち止まって、衛生管理について、考えてみてはどうだろうか。

2 店舗の事故に関する法律

1 店舗内の事故とは

事故というと交通事故のイメージだが、店の中でも事故は起こりうる。店舗内で起こる事故は、多岐にわたるが、最も多いのは転倒事故である。消費者庁のデータによると、平成21年9月から平成28年10月末までの間に問い合わせがあった事故のうち、実に7割が転倒事故であった（消費者庁平成28年12月7日付広報資料）。ちなみに、そのほかの事故としては、自動ドアに挟まれた、エレベーターに閉じ込められた、トイレの便座でやけどをした、棚の商品が落下したなどの事案があったようである。

飲食店に限れば、食品を提供する場であるため、食中毒などの食品事故や、油で床が滑りやすいことによる転倒事故が目立つと思われる。そのほか、実際に相談を受けたこともあるが、飲食店は火を扱うため、火事などの事故も生じる危険がある。

食中毒は前項で、火事は次項で扱うので、本項では、転倒事故や什器備品・設備による事故に絞って解説したい。

2 法律・裁判例

①法律

転倒事故や設備による事故で問題になるのは、もっぱら損害賠償の問題である。もちろん、内装に関連して、消防法など行政上の問題はないことが前提である。

法律的には、債務不履行か不法行為かということで、民法の条文や法律の構成が異なるが、結局のところは、①転倒するような危険な状況だったり、事故を予見できるような状況だったか、②事故を防ぐ義務があったか、③客側に過失がなかったかという3点が問題になる。これを一律に整理するのはかなり困難なので、具体例をみながら考えていきたい。

②裁判例1

責任が認められた例として有名なのは、ショッピングセンターにおいて、アイスクリーム売り場前を歩いていた女性（当時71歳）が、床に落ちていたアイスクリームに足を滑らせて転倒し、後遺症が残る大けがをしたというケースである。

裁判所は、次の点を理由として、女性の請求を認めた。

まず、①アイスクリームを販売する以上、そこでアイスクリームを購入した客が、売り場の近辺で食べ歩き、それをこぼすことで、床が滑りやすくなることは当然に予見できたと判断した。

そして、②当日は特売日で、多数の客が来ることが予想されていたため、店側としては、売り場の近辺に飲食スペースを設けて誘導したり、外部の清掃業者に清掃委託を延長したり、売り場の巡回を強化するなどの対応をすべき義務を負っていた。にもかかわらず、それを怠ったとしている。

ただし、③被害女性は、ショッピングカートを押しており、床が見えにくい状況だったという事情があるとして、被害女性に2割の過失を認め、最終的に860万円余りの請求を認めた。

③裁判例2

リーディングケースとして有名なのは、コンビニエンスストアにおいて、レジに向かう途中の女性（当時22歳）が、水拭き後、乾拭きをしていなかった床に足を滑らせて転倒し、後遺症が残る大けがをしたというものである。

裁判所は、次の点を理由として、請求を認めた。

まず、①コンビニエンスストアのような店舗においては、不特定多数の者の通常ありうる服装や行動、たとえば、靴底がすり減っていたり、急いで足早に買い物するなどは当然の前提であると判断した。

そして、②店は、そのような行動から客の安全を守る義務があり、本件でも、水拭きした後に乾拭きするなど、床が滑らないような状態を保つ義務を負っていたにもかかわらず、それを怠ったとしている。

その上で、③被害女性も、レジに向かう途中で、パンと牛乳を持っていて両手がふさがっていたために、被害が大きくなったことや、靴底がすり減っていたことなどから、被害女性に5割の過失を認め、最終的に115万円の賠償を命じた。

④裁判例３

否定された先例的な事案として、旧大蔵省の職員食堂を利用した女性（当時58歳）が、食器返却口前で足を滑らせて転倒したということがあった。

このケースは、古い裁判例であることや、国の共済組合が運営する食堂であったことなどから、少し判断のスタイルが異なるが、まとめると、①食堂の床が常に滑りやすいという事情はなく、実際に、これまで何十年にわたり、転倒事故が起きていなかったこと、②安価な社員食堂で、セルフサービスという形態だったことなどからして、重大な事故が生じるとは予想できなかったと判断し、請求を認めなかった。

⑤裁判例４

否定された近年の事案として有名なのが、百円ショップにおいて、店内を通行中の客（当時約50歳）が、雨天のため、雨や泥で滑りやすくなっていた床に足を滑らせて転倒し、後遺症が残ったとして、約6，000万円の損害賠償を請求したというものである。

裁判所は、次の点を理由として、請求を認めなかった。

まず、①店舗内で使用されていた床材は、コンビニエンスストアなどで一般的に使用されており、品質性能検査の結果も特に滑りやすいというものではなく、事故現場の状況をみても、経年劣化が進んでいたり、管理保存状態に不備があったりすることは認められず、床自体が危険だったとはいえないと判断した。

そして、②店は、店舗の出入り口に2枚の床マットを設置して、靴底の水分などをできるだけ除去する対策を講じており、水たまりのように特別滑りやすいような状況はなかったこと、さらに、雨が降っていれば床が湿っているのは客自身も認識していたはずであるから、事故が起きた際の床が特別危険だったとはいえないとして、請求を棄却した。

⑥裁判例5

そのほか、まさに飲食店の事例として、平成24年11月に起きた中華料理チェーンの寝屋川店での事故も有名である。

これは、同店の店舗内で、女性（40代）が床の油で滑って転倒し、膝を強打した結果、後遺症が残ったとして、約2，500万円の損害賠償を求めたものである。

被害女性は、インターネットやグルメ情報サイトなどで、同店の床がよく滑ると指摘されていたことを指摘し、店舗の予防措置が不十分であったと主張した。これに対し、同中華料理チェーン側は、防滑性の床材を使用している上、従業員が毎日床を清掃し、月に一度は専門業者が床を洗浄していたとして、過失はなかったと主張していた。

詳細な経過は不明だが、最終的に100万円を支払う内容で和解が成立している。

3 対策

これらの事例をまとめると、絶対的ではないが、一定の傾向が見えてくる。

まず、店内の設備自体に構造的な危険性がないかという点である。

床材は一般的なものか。経年劣化していたり、破損していたりしないか。

在庫や備品を置いていたり、段差・くぼみなど、躓きやすい場所はないか。

食べ物や飲み物などが落ちやすく、滑りやすくなることの多い場所はないか。

冷蔵庫や水回りなど、特別濡れやすい場所はないか。

出入り口や駐車場など、暗く足元が見えにくい場所はないか。

これらは、設計段階で対応しておくべき点であり、経営者自身やスタッフの意見も聞きながら、問題があればすぐに修正すべきである。

構造的な問題ですぐに対応がむずかしければ、注意書きを掲示するなど客に注意喚起しなければならない。

また、構造的な問題がなかったとしても、時々の状況によって、危険な場所が出現することがあることを認識しておく必要がある。

典型的なのは雨天時や清掃時など、床が濡れる場合である。雨天時には入り口と出口に足ふきマットを置くとか、清掃後は必ず乾拭きをする、営業中の清掃を行う場合は注意喚起を行う。特に寒冷地では雪や凍結により、一時的に極めて滑りやすい状況が発生することがあるので、そのような場所では特に注意が必要である。

これまで挙げてきた例からも分かるように、転倒するのは女性が多く、前出の消費者庁の調査でも、7割が女性とされている。靴の材質の問題もあるのであろう。また、高齢者の場合、店頭によって被害が大きくなることが多く、女性や高齢者の客が多い店では、通常より設備に注意すべきである。居酒屋など酒類を提供する場合には、酔客が足を滑らせることもある程度考慮しなければならない。

さらに、ランチなどで繁閑がはっきりしている業態では、動線をもとに、混雑時に客同士がぶつかったりしないか、歩きづらくなっていないかなども検討しなければならない。

これらを基に十分な事前対応をしていても、イレギュラーな状況で事故が起きてしまうことは十分あり得る。

一度事故が起これば、その後は、事故の発生を予期できたと判断される可能性が高くなるため、そうした場合には、設備の点検はもちろん、清掃の頻度や方法、人員配置についても適切か、必ず検討していただきたい。

最後に、先ほどの裁判例にもあるように、後遺障害などが残れば、非常に多額の損害賠償を請求されることになる。小規模店にとっては致命傷になるので、施設賠償責任保険などの損害保険に加入しておくことをおすすめする。

事故が起きてしまった場合の顧客対応については、第5項（186ページ〜）の「顧客対応に関する法律」を参考にしていただきたい。

3 火災・災害に関する法律

1 災害対策の重要性

日本は四季折々の変化に富んでいるので、季節や立地によって、一定の災害は避けることがむずかしい。また、天災は、一般的に、不可抗力として免責になることが多く、仮に誰かに請求できたとしても、被害の程度が大きく、実際には回収できないことも珍しくない。したがって、適切な保険に加入しておくことが不可欠である。

この項では、日本で最も多い災害である火災と、そのほかの災害に分け、法律の大要とともに、注意すべきポイントを解説する。

2 火災の対応

①消防法関係

日本は、元々、木造建築が多く、長屋など集まって暮らす文化を持つ上、火事が多い国なので、消防について高い意識を保有している。コンクリート造りの高層ビルになってからは、避難口の確保や、消火設備の設置などが不可欠だが、これら予防について定めているのが、消防法や消防条例である。また、建築基準法によっても、大規模な店舗の内装制限や、災害危険区域の建築制限がある。

消防法は、消防署の権限なども定めているが、飲食店と関係するのは、消防設備の設置や内装についての規制の部分である。特に、平成13年の東京・新宿歌舞伎町のビル火災を契機として、消防法は大規模に改正され、規制が厳しくなった。内装工事前から始めなければいけない届け出などもあるので、物件を契約したら、すぐに準備を開始しなければならない。なお、ここでの解説はあくまで一般的なもので、具体的に個々のお店でどのような届け出などが必要かについては、必ず、内装業者や建設業者と共に、店を管轄する消防署に確認していただきたい。

まず、内装工事をする7日前までに、「防火対象物工事等計画届出書」の提出が必要になる。どのような工事を行うのか、事前に届け出るものである。届け出る内容は工事の内容によって異なるし、これとは別途、新たに厨房設備などを設ける場合には、火を使用する設備等の設置届の提出が必要であるし、消防用設備（消火設備、警報設備、避難設備など）を新設したり、手を加える必要がある場合には、「消防用設備等設置届」の提出と消防検査が必要になる。なお、完全に居抜きで、工事を一切行わない場合には必要ない。

次に、使用の7日前までに、「防火対象物使用開始届出書」の提出が必要である。「営業」の開始ではなく、「使用」の開始で、営業前の準備なども含まれるので、内装工事の目処が立ったら、早めに提出しておいた方がよい。これは使用者や責任者を役所に届け出る手続きなので、居抜きや、単なる事業者の変更であっても、提出が必要である。

最後に、一定規模以上の店舗は、「防火管理者」を選任し、その届け出をしなければならない。バックヤードなどを含めると、見た目より意外と広いので、横丁などのよほど小さい店舗でない限り、ほぼ該当すると考えてよい。広さによって、甲種と乙種があり、講習の内容も異なる。

これらの届け出の提出先は、いずれもその店舗の地域を管轄する消防署になる。消防法に違反すれば、最大、3年以下の懲役または300万円以下の罰金など、重い罰則が定められているので、軽視しないようにしてもらいたい。

②失火責任法関係

失火責任法というのは、明治時代に作られた法律だが、いまだに法律として有効で、しかも、非常に重要なことを定めている。ちなみに、日本の法律で最も短い法律といわれており、たった50字ほどしかない。

内容は単純で、簡潔にいえば、「失火の場合、重大な過失がない限り、責任を負わない」というものである。当時は、木造建築が多かったので、失火から周囲に延焼した場合に全ての責任を負わせると、莫大な損害賠償義務を負ってしまうという理由で、制定された。

たとえば、商業施設において、飲食店で隣の店舗から火が出たという場合、隣の店舗に重大な過失がない限り、損害賠償請求することはできない。客がコンロやろうそくの使い方を誤って店舗を全焼させたというケースも、当該コンロやテーブルなどはともかく、内装全体について賠償させることは困難である。平成29年に、名古屋のホルモン焼き店において、客がホルモンを大量に焼いたところ、ボイラーに火が燃え移り、店舗は全焼、両隣の建物にも延焼したという事件があったが、このケースでも、店側が、客に多額の損害賠償請求を行うことはむずかしいと思われる。

裁判例を見る限り、失火でも責任を負う「重過失」というのは、「少し注意すれば、簡単に事故が予見できたような、ほとんど故意に近い状態」とされている。

重過失が認められるのは、たばこのポイ捨てなどが典型的だが、飲食店であれば、油を火にかけたままキッチンを離れたとか、引火しそうなものを近くに置きながら石油ストーブに火をつけたといったケースが考えられる。

③対策

火災についても、一般的な危機管理同様、予防と事後対応がメインとなる。特に、予防に関しては、消防法や消防条例で、非常に細かく定められている。事業者が自己判断で行うことは不可能に近いので、確かな内装業者や建設業者に依頼するとともに、自治体の建築課や、管轄の消防署に必ず確認を取るようにしていただきたい。

現実の火災の予防という点では、火の扱いは厳重に管理する必要がある。従業員に対して、コンロや炭火の扱いを徹底することはもちろん、最近では、鍋用の卓上ガスコンロや、焼肉店での七輪、ロースターなど、客のところにも火元があるので、安全機能がついたものや、業界団体の防火性認定を受けた商品などを導入してもよいと思う。

また、失火責任法の関係では、こちらが被害者の場合と加害者の場合で分けて考えなければならない。隣の店が火事になり、「もらい火」をした場合、先ほどの失火責任法があるため、損害賠償請求がむずかしくなる。平成28年の新潟県糸魚川市の火災では、中華料理店が火元となり、最終的に147棟、4万平米が焼損し、被害総額は10億円以上に上ったが、失火責任法や、中華料理店の現実的な資力（財産）を踏まえ、損害賠償請求はなされなかったようである。この事件では、あまりに規模が大きかったため、市が特別に予算を組むなど行政による手当が行われたが、本来であれば自己責任である。独立した一軒家などでない限り、隣からのもらい火に備え、損害保険に加入することをおすすめする。

他方、加害者の場合、これとは逆で、隣家などに対する損害賠償義務は免除される可能性があるが、大家に対する原状回復義務は残る。また、そもそも重過失があれば、失火責任法でも責任は免除されない。まずは、消防法や消防条例をしっかりと守ること、従業員や客に事故を起こさせないこと、万が一、起きてしまった場合のために、保険に入っておくこと、この3点が必要といえる。なお、損害保険については、自分が火事を起こしてしまった場合に、周りの損害に対して支払われる保険と、周りが起こした火事で損害が出た場合に、自分の損害に対して支払ってもらう保険は別物なので、すでに保険に入っている場合でも、何に対して保険金が支払われるものか、この機会にぜひ確認していただきたい。

3 その他の災害

①地震

日本は地震大国である。地震は火災を誘発するので、地震に対する備えもしておく必要がある。ただ、意外なことに、地震そのものを理由として、飲食店を規制する法律はない（耐震診断や耐震構造など、建物自体についての規制は一部ある）。

したがって、地震の場合、人的物的被害を拡大させないという物理的な対応が重要となる。

飲食店の場合、備品などを上部の棚に納めていることがあるので、落下によるケガを避けるよう、棚の固定をしたり、重いものは下に置くなどの対応をしておいた方がよい。高級店などにおける置物や絵画なども同様である。ボトルキープなどしていれば、瓶が倒れないように、ケースに入れて保管しておくべきである。

また、最も気を付けなければならないのは、地震から火事につながることなので、地震が起きた場合、火元はすぐに消せるよう日頃から心がけておきたい。

店の設備で客がケガをした場合は、店側に責任を問われる可能性があるので、開店中の場合、客の店外への避難、誘導を行う必要がある。このあたりは、建物や商業施設によって変わるので、いざというときに慌てないように、マニュアル化しておこう。

被害が大きくなったり、停電してしまった場合には、その日の営業を続けることはできない。その場合は、その時点で一度清算するか、連絡先などを聞いておいて、事後的に対応せざるを得ないと思う。帳簿関係は紛失すると復旧が困難なので、できるだけ電子化しておくことをおすすめする。

②台風・降雨

日本で災害というと、台風や大雨も無視できない。これも独立した法律はないので、具体的にどのように対策するかという点を検討することになる。

一般的にいえば台風や降雨は、火災や地震と比べると、そこまで大きな被害を被ることはなく、お店として対応できることには限りがある。強風や飛来物に備え、窓を守っておくとか、すでに述べたような雨水での転倒に備え、マットを敷いておくといった対応になる。また、雨の日は売り上げが下がるので、どちらかというと販促上の対応を検討すべきだと思う。

なお、台風や降雨は、ゲリラ豪雨のように、甚大な浸水被害を生むこともある。浸水した場合、泥水などと一緒に、大腸菌やサルモネラ菌など、自然界の細菌がたくさん店内に流れ込んでくる。一刻も早く営業を再開したいところだが、必ず入念な清掃、消毒など衛生管理を行わなくてはならない。

浸水後は、湿気が残ることでカビが発生しやすくなったり、地下水を使用している場合は、水質の変化にも注意が必要である。

③漏水

漏水は、飲食店を巡るトラブルの中でもかなりむずかしい問題の一つである。まず、どこからどう水が漏れているのか、原因を探ること自体がむずかしい上、建物の躯体部分まで原因があれば、対応費用が多額になるし、かといって、放っておけば、休業損害など、損害は増え続ける。私が実際に対応した案件は、いずれも、漏水した側とされた側で、感情的な対立にまで発展している。

最も重要なのは、まず、漏水が発生したら放置せず、迅速に対応することである。漏水は、最初は些細なものだと放っておくことも多いが、決して勝手にふさがることはない。それどころか、別のテナントへの影響が出ることもあるし、内装の腐敗など、損害がどんどん大きくなってしまう可能性が高い。

また、商業施設など賃貸物件の場合、漏水は、屋根や共用部分の配管など共用部分に原因があることが多いので、単純に、上の階や下の階だけで話すのではなく、必ず、大家や管理会社と解決を模索する必要がある。

補修を依頼する際に、すでに取引関係のある信頼できる業者がいなければ、水道局指定の業者に依頼することをおすすめする。

火事や地震と同じように、漏水をカバーする保険に入っておくのもよい。

④虫害

意外と多いのが虫害である。飲食店は食べ物を扱っているので、虫が出るのは避けられないが、いないに越したことはないし、深刻な風評被害に発展することもある。他方で、虫は、飛んだり這ってきたりするので、どこから来ているかを特定するのもなかなかむずかしい。

まず、目指すべきは根本的な原因を突き詰めることである。

飲食店なので、あまり大量の殺虫剤を撒くこともできないし、そもそも営業中であれば対応そのものができない。その上、仮にその場で殺虫できても、またその繰り返しになってしまう。

私が以前対応した事件で、いくら殺虫剤を撒いても、壁やドアに目張りをしても、虫が減らないという事案があった。家主、正確には管理会社であるが、管理会社に対し、賃貸人としての責任追及も辞さない構えで臨み、私も立ち会いの上で、専門業者を入れて調査したところ、汚水槽と雑排水槽から虫が湧いているという結果が出た。

費用の問題で、水槽自体を変えることはできなかったが、バキュームなどで、ほとんどの虫を減らすことができ、今後の定期的な清掃を約束させた。

このように、共用部分に問題がある場合には、やはり大家や管理会社と共に進めざるを得ないので、しっかりとした対応を求めるべきである。法律的にも、飲食店であることを知りながら賃貸借契約を結んでいるのであれば、大家側には、飲食店として営業できるように物件をメンテナンスする義務があるといってよい。

なお、発生の原因が専有部分にあるのであれば、やはり残飯など、虫が発生する場所を作らないことが重要である。グリース・トラップを含め、清掃を徹底するようにしよう。清掃の徹底は、衛生管理の改善にも役立つ。

ぜひ積極的な清掃を心がけてほしい。

4 食品表示・表現に関する法律

1 食品表示の重要性

飲食店が絶対に守らなければならないルール。それは、品質管理を徹底し、食べ物に細菌やウイルスを感染させないといった「安全な食べ物」を提供すること（食品衛生）と、その食べ物が、何を原料として、どこでどう作られたものなのか、お客さんに誤解させないといった「正しい情報」を提供することである。第1項（142ページ）で、食品衛生（「安全な食べ物」の提供）について解説したが、これにつづいて、食品表示（「正しい情報」の提供）についても解説したい。

食品表示問題とは、産地偽装などの問題に代表されるように、お客さんに示している情報と、真実が一致しているかという問題である。2000年代、牛肉の産地偽装や[*1]「白い恋人」[*2]事件など、明らかに問題となる事件が相次いで起き、食品の表示に対して大きな問題提起が起きた。後述のように、人々の食の安全に対する意識が非常に高くなり、法律の整備も追いついてきた現在では、露骨で悪質な食品偽装は減ってきているが、「グレーゾーン」といわれる表示の問題は今も残っている。飲食店側が、店の食品をアピールするのはよいことだが、それがエスカレートして、客に誤解を与えるおそれのある表現をしてしまうためである。中には、知らないうちに違法なＰＯＰを掲げている店もある。あまり意識していなかった場合には、一度、自店のメニューなどを確認してみていただきたい。

＊1　ＢＳＥ対策事業の一環として、国が国産牛肉を買い取る事業を始めたところ、乳業メーカーなどが、輸入牛肉を国産牛肉と偽って国に買い取らせ、補助金を詐取した事件

＊2　北海道の銘菓の一部商品が賞味期限を改ざんして販売された事件

2 食品表示の法律

①食品表示法

食品表示については、以前まで、大きく分けて食品衛生法とＪＡＳ法、健康増進法という3つの法律が、それぞれ別個に色々な規制をしていたが、平成27年に食品表示法という

新しい法律と、それに基づく新しい食品表示基準ができ、一つにまとめられた。

要は、食品について何を表示しなければならないか、ということを定めた法律である。食品の表示は、大きく分けて、「義務表示」、「禁止表示」、「任意表示」がある。「義務表示」というのは、法律上、絶対に記載しなければいけないものである。食品表示法ができたことにより、これまで任意だった加工食品における栄養成分表示（熱量など）が、全て義務化された。スーパーなどで売っている製品の裏に記載されている「賞味期限」や「保存方法」、「アレルギー物質」など、というとわかりやすいかもしれない。これに違反すると、立入検査や製品の回収命令だけでなく、懲役刑や罰金などの刑事罰（たとえば、食品表示基準に従った表示がなされていない食品を販売した場合、2年以下の懲役または200万円以下の罰金。または懲役と罰金の両方が課されることもある上、法人や経営者自身も1億円以下の罰金刑になる可能性がある）が課されることもある重要な表示である。

また、「禁止表示」というのは、逆に記載してはいけない事項のことをいう。誇大広告や、消費者を勘違いさせるような表示などがこれに該当する。先ほどのメニューの偽装などが典型的な例で、これに違反した場合も、義務表示と同じような罰則が定められている。栄養機能食品や特定保健用食品ではないのに、あたかもそのように記載することもこれに当たる。

「任意表示」や「推奨表示」というのは、書く必要もないし、書いてはいけないわけでもないが、書いてもよい事項や、書くことがすすめられている事項のことである。先述のとおり食品表示法によって、加工食品は栄養成分表示記載が義務化されたが、絶対に記載しなければならないのは、熱量（エネルギー）、食塩の相当量、たんぱく質、脂質、炭水化物の5項目だけである。食物繊維や糖質、ビタミンなどの表示記載もよくみられるが、食物繊維は「推奨表示」で、糖質やビタミンなどは「任意表示」となっており、法律的な立ち位置は全く異なる。

食品表示法によってある程度記載すべき表示が整理されたが、食品は、製品や製法、食材が多岐にわたるため、いまだに、非常に複雑といってよい。ただし、どれも非常に重要な事柄であることは間違いはない。

そのほか、個別の審査と許可が必要な特定保健用食品（いわゆる「トクホ」）や、届出だけで済む機能性表示制度も、この法律と食品表示基準に定めている。

②景品表示法

では、飲食店ではどうなっているかというと、実は飲食店に「義務表示」はない。景品表示法による「禁止表示」があるだけなのである。レストランにいっても、「10品目の朝どれサラダ」など、メニューの名前しかないのはこのためである。

これは、飲食店（また、総菜屋などのいわゆる「中食」）は、調理する人と客が直接接触できるので、分からないことがあれば直接聞くことができるためとされている。したがって、ファストフードや総菜屋など、おおまかにいって、調理する人から直接買えるお店、商品など、いわゆる中食産業の一部も、「義務表示」は課されていない。

では、小説のように何を書いても許されるか、というとそういうわけではない。食品に限らず、一般に、商品の表示に関して定めている景品表示法という法律がある。食品に限らず、飲食店は、景品表示法によって禁止されている表示だけ避ければよいということになる。

景品表示法が定めている「禁止表示」は、①優良誤認表示、②有利誤認表示、③その他の不当表示の3つである。消費者庁が公表している景品表示法のガイドブックに挙げられる例も参考にしながら、個別にみていこう。

まず、①優良誤認表示というのは、品質など、商品の内容について、勘違いさせるような表示である。原材料や、産地、賞味期限などがこれにあたる。産地を偽装していたり、加工肉をステーキと表示していたメニュー偽装は、まさにこれに該当する。こういった事例は枚挙にいとまがないが、自家製と称して市販のものを提供する、100%果汁と表示して60%のものを提供する、手打ち麺と表示して機械打ち麺を提供する、添加物を使用しているにもかかわらず無添加と表示するなどが例として挙げられる。

実際問題として、ここまで露骨な「偽装」は少ないと思われるが、「整形肉」や「牛脂注入肉」を「ステーキ」と表示するなど少し分かりにくいものや、「チリアワビ」と「アワビ」、「赤西貝」と「サザエ」、「キャビア」と「ランプフィッシュの卵」などのいわゆる代用魚までくると、そもそも店側の知識不足があったり、業界ではある意味当たり前に行っている面でもあるので、注意が必要である。

2017年、あるユーザーからインターネット上で某チェーン店の「無添○○」という標榜に対し、「何が無添なのか書かれていない」という書き込みが行われた。店側はそれに対し、削除を求め法的手続きが取られた。この際、同店が、化学調味料など4つの添加物に限って使用していないということが世間に広まり、「無添」というのが何を意味しているのか分からない、そのほかの添加物まで使用していないと誤解を与えるので景品表示法違反ではないか、という議論にまで発展した。

いずれにしろ、店側としては、しっかりとした正しい知識をもって、客に誤解を与えないような表記を心がける必要がある。

次に、②有利誤認表示というのは、価格や数量、キャンペーンなど、商品の内容以外の取引条件について、勘違いさせるような表示である。地域最安値と書いてあるのに、他社の価格調査をしていなかった、セット売りのお値打ち品と書いてあるにもかかわらず、実際はバラ売りと同じだった、他社製品の2倍と書いてあるのに、実際には他社の商品とほとんど変わらなかった、商品を買って応募すると100名にプレゼントが当たると書いてあるのに、実際には10名しか当たらないようになっていたなど、こちらも様々なケースがある。

実際によく問題になるケースだと、特に閉店する予定がないにもかかわらず、「在庫一掃閉店セール!」と表示したり、期間限定で2割引きセールと表示しながら、実際は常にその価格だったといったものがある。

2016年に、ある法律事務所が、1か月ごとの期間を限定して着手金を無料または割引きにするキャンペーンを展開していたが、実際には、毎月更新し5年近く続けていた。

お恥ずかしいことに、これが有利誤認に当たるとして、消費者庁からそのような表記を辞めるように命令されている。

最後に、③その他の不当表示というのは、優良誤認や有利誤認には当たらないが、まぎらわしく、正しく判別できないもので、現在は6つが禁止されている。食品関係でいえば、そのうち3つが問題になることが多いといえる。

一つは、無果汁の清涼飲料水等についての不当な表示で、無果汁を含め5％未満の清涼飲料水等については、「無果汁」や「○％」と書かない限り、果実の名前や写真などを表示してはいけないというルールである。無果汁のオレンジジュースは、無果汁と書かないと、「オレンジ」という単語やオレンジの写真を載せてはいけない。たしかに、無果汁なのに無果汁と書かないで、オレンジの写真だけ大きく写っていたら紛らわしい。

もう一つは、商品の原産国に関する不当な表示で、原産国を明示しない限り、原産国以外の国名や国旗などを表示してはいけないというものである。ガーナのカカオを使用していないのに、「ガーナ」と書いたチョコレートを売ってはいけない。ジャマイカ産でもないマンゴージュースに、ジャマイカのラスタカラーの国旗が記載されていたら、訳が分からなくなる。

最後は、おとり広告に関する不当な表示である。これは、特定の目玉商品を設置して客を勧誘しながら、実際には、その商品の在庫がないとか、あっても極めて限られているという場合などが該当する。まさにおとりのような商品やサービスを作って、店に客を引き込むわけである。

以上の三つが、現在では景品表示法によって規制されているが、一時期話題になったステルス・マーケティングも、ここに加えるべきだという議論がある。ステルス・マーケティングとは、宣伝と気付かれないような方法で行われる宣伝行為のことである。

飲食店の口コミサイト上で、飲食店から依頼された業者が、お客さんに成りすまして高評価を書き込む（なりすまし）とか、実際には対価を払っているにもかかわらず、それを伏せて芸能人にお店や商品をすすめてもらう（利益提供の秘匿）といったものが、一時期かなり話題になった。口コミサイトでは、書き込む人を登録制にしたり、芸能人に宣伝を依頼している場合は、「これは広告です」と表示するようになり、露骨なステルス・マーケティングは減ったように思われるが、一見して分からないからこそ「ステルス」である。消費者の判断を誤らせるような宣伝や表示は避け、真正面から自社の商品をアピールするようにしたいものである。

3 どこまでの「お化粧」が許されるのか

商品名やメニューの名前は、売上にも直結する非常に重要なものである。「野菜サラダ」よりも、「当店人気ナンバーワン！シェフの気まぐれサラダ」の方が、ずっと魅力的である。商品の魅力を最大限伝えるためにも、名称や説明文は、できるだけ自由であるべきであるし、多少のお化粧（誇張表現）は認められている。焼肉店に行けば、当然のように「カルビ」と「上カルビ」があるが、その違いを意識している人はあまりいない。店によっては、ロースは「上ロース」しかない店もある。これらの表記自体がいきなり問題になることはないが、カルビと上カルビで同じものを提供していたり、スーパーで常に売っているような普通の焼き肉用ロースを「上ロース」として提供しているのであれば、やはり問題のある表示といえるだろう。例えば「プレミアム牛めし」は、通常の「牛めし」と違う点があるからそのように表記できるのであって、「プレミアム」と付けておけば値上げしてもばれないだろう、というのは当然問題のある表示である。

分量に関して、「たっぷり」や「豊富」など、主観が混じる表現は微妙だが、競合品や常識に照らして、明らかに「たっぷり」入っていなければ、やはり問題だし、「豊富」とうたいながら、そもそも含有量や成分を把握していないのであれば、論外である。

もっと進んで、「おいしい」とか「おすすめ」といった純粋に主観的な表現であれば、表示として問題となるケースは少ないといえる。

健康食品に関してはかなりデリケートな問題がある。「ヘルシー」や「低カロリー」など抽象的なものである限り、根拠があれば表示できるが、「血圧が下がる」といった具体的な効用を表記してはならない。健康食品に関する消費者庁のガイドラインでも、「糖尿病の方におすすめ」とか「免疫力アップ」といった具体的な効用を示すような表示は禁止されている。他方、「野菜の足りない方に」といった単に栄養補給を目的とするような表示は問題ないとされているが、分かるような分からないような部分もあるはずである。

商品説明やキャッチコピーなどは無限に考えられるので、自社の製品やメニューの表示がどうなっているのか、これまで名称などを考える時に表示の妥当性を考慮してきたかなど、一度、見直してみる必要があるかもしれない。

5 顧客対応に関する法律

1 顧客対応の法律

顧客対応の重要性はいわずもがなである。ある調査では、接客態度の大切さは、料理そのものと同等もしくはそれ以上、という結果も出ている。チェーン店が飽和した昨今では、飲食店の差別化（ブランドの多様化）などが求められているが、どのようなブランドであったとしても、基本となるのはレベルの高い安定した接客である。飲食業界で最も重要な「ＱＳＣ」（品質・サービス・清潔さ）があるが、サービスは品質の次に来る重要なもので、欠かすことができない。

また、「お客様は神様」というのは例えにしても、元から、日本の接客水準の高さは、世界に誇れるものである。訪日外国人は増え続けており、5年連続で増加、昨年は2,869万人に上った。「おもてなし」ではないが、外国人客が増えることにより、これまで以上に、接客に対して高い意識を持って臨む必要がある。

それでは、顧客対応についての法律はというと、統一的に顧客対応を規制するものはない。あくまでサービスは、マナーやモラルの問題で、まさに「サービス」ということになる。したがって、法律としては、一般的な民法や刑法などを適用して対応することになる。

ここでは、店側に一定の非があるものと、客側に一定の非があるものに分け、具体的な場面ごとに解説していく。なお、転倒や食中毒については、すでに解説しているので、それぞれ該当箇所を参考にしていただきたい。

2 店側に非があるもの

①オーダーの取り違え

オーダーの取り違えは、現場ではよくある状況である。まずは伝票などから事実確認を行い、事実であれば、しっかりと謝罪した上で、すぐに正しいオーダー通りに作り直す必要がある。その場合は、準備に必要な時間も事前に伝えておくべきである。

客の勘違いや、伝票上は明らかでない場合は対応がむずかしいが、高価なものでなければ、一般的には取り換える対応が多いと思われる。

対策としては、注文の繰り返し、伝票の電子化、伝達ミスの予防など、取り違えが発生しやすいところを一つずつ潰していくしかない。

②予約ミス

インターネットでの予約が増えたとはいえ、やはり現在も予約の主流は電話なので、予約を受けていたにもかかわらず、席を確保していなかったという問題も少なくない。

実際に起きてしまった場合、今いる客を退店させるわけにはいかないが、せめて、入店時刻から、一番早く退店しそうな客を予測し、大体の目安の時間を伝えるべきである。次回来店時のクーポンなどをお渡しするのも、店の評判をリカバリーできる方法の一つだと思われる。

これは人為的なミスなので、スタッフの教育が重要な予防手段である。予約を受け、予約台帳に記入する際には、必ず指さし確認をするなど、マニュアル化を進めておくとよい。

③態度が悪い

従業員の態度については、お客さん側の主観によってかなり評価が分かれるところだが、実際に、接客に問題があるケースもないわけではない。

その場合、やはり店長や、さらに上の役職にある者が対応せざるを得ない。ただし、態度については主観が大きいので、問題点を共有するといった再発防止を約束するところまでが一般的だろう。

もちろん、今後同じことのないようにしなければならないが、あまり同じ従業員に同じミスが続くようであれば、始末書や懲戒なども検討する必要がある。

④料理によるヤケド、ケガ

これも、法律的には、店側が責任を負うべきかどうか非常にむずかしいところである。

しかし、客側によほど非がある場合でなければ、店側として謝罪し、最低限の治療費を負担するといった対応が多いと思われる。

ただ、食中毒などと同じように、単なるクレーマーも珍しくはないので、お店として、そのような場合はどこまでやるか、事前に決めておくことが必要である。

店側に非がないということで全く対応しないのも一つだろうが、その日の食事代を無料にするまでとか、治療費の負担までとか、ある程度、一定のラインを決めておくべきである。全くのフリーハンドで対応することになれば、現場も混乱するし、悪質なクレーマーに足元をみられることもありうる。

当然、店側にミスがあった場合には、その原因究明とともに、再発防止策を検討しなければならない。

⑤客に食事や飲み物をこぼす

これもよくある相談だが、一般的な解決策は、クリーニング代の負担に加えて、その日の代金をどうするかといったところだろう。

問題は、汚れた衣服などがブランド品で、クリーニング代が高額になったり、新品への交換を求められるケースである。一般的には、消耗品や元に戻らない場合を除き、クリーニング代を負担すれば足りる。逆にいえば、高額であっても、クリーニング代は負担しなければならない。もちろん、クリーニング業者にもピンからキリまであるので、決して、客側の指示に従わなければならないというわけではない。

衣服の場合、裸では帰れないので、念のための替えの服を用意しておくのも、逆転の発想として有効だと思われる。

⑥会計・釣銭間違い

飲食店は細かいメニューが多く、また、決済も現金が多いので、会計や釣銭ミスは避けられない。

もし発覚した場合には、しっかりと謝罪するとともに、過不足分を修正しよう。その場合の費用（振込手数料や交通費など）は店側が負担せざるを得ない。ただし、料理自体に問題があったわけではないので、その日の料理代を返還する必要はないだろう。

他方、事後的な連絡で、店側としても確認できない場合は、詐欺の可能性もあるので、慎重な対応が必要である。しっかりと調査し、ミスはないと確信したのであれば、従業員を守るためにも毅然とした対応を取るのも一つである。

⑦転倒や食中毒

これらは、一歩間違えると極めて大きな問題になりかねず、「起きてしまった」では通用しない。まずはしっかりと予防策を講じる必要がある。

仮に起きてしまった場合には、金額的にも店として対応できる限界を超えていることがありうるので、あらかじめ損害保険に加入しておいて、具体的な金銭的補償は、保険会社に任せるべきである。もちろん、謝罪自体は、しっかりと店長以上の責任者が行うべきである。これらについては、すでに前項で解説しているので、そちらも参照していただきたい。

3 客側に非があるもの

①酔客による器物損壊

年末年始や歓送迎会のシーズンになると、決まって起こるのがこの問題である。重要なのは、その場で、その客の連絡先など個人情報を聞いておくことだろう。可能であれば、公的証明書と名刺の写し（写真でも可）をもらうとともに、賠償を約束する一筆をもらう必要がある。賠償する旨と、日付、氏名、年齢、住所くらいでよい。

あとから連絡が取れなくなるケースもあるが、弁護士が入るか、警察に被害届を出すと警告すれば、ほとんどの場合は支払ってくるはずである。

②客同士の喧嘩、トラブル

これも繁忙期に多い問題だが、店とそのグループとの関係にとどまらず、その場にいる他の客への影響もあるので、その場でしっかりと対応しなければならない。

騒がしい場合などは、まず警告し、それでも収まらない場合は、直ちに警察を呼んでよいだろう。

もちろん、喧嘩によって、店の備品を破壊するようなことがあれば、請求することが可能である。スタッフがケガをした場合には、労災の対象となるが、第三者によるケガのため、労災からそのケガをさせた客に、保険金の請求が行くことになる。

③落し物

一般的に、飲食店では荷物をあまり預からないので、店に非があるケースは少ないだろう。客が手荷物を落としたり盗られたりしても、それは自己責任である。ただ、高級店でクロークなどがある場合には、何を預かったのかしっかりとメモをしておくとともに、貴重品は預かれない旨を伝えておく必要がある。法律上は、災害などの不可抗力でない限り、預かったものについて責任を取らなければならない。

なお、この種のクレーム自体は、意外とよくある。

私が実際に対応したケース（宿泊施設での事例）だが、コンタクトを落としたといって、コンタクト代を請求されたことがある。使い捨てコンタクトにもかかわらず、数か月分のコンタクト代金を請求されたため、買った際の領収証を求めた上で、コンタクト店に確認したところ、その商品は返品済みという結果だった。

結局、詐欺的な請求だったわけだが、このようなことは珍しくないようである。

④食べ方の指定

最近、ＳＮＳで話題になったのが、食べ方の指定についてである。例えば、客がすし店でシャリを残してネタだけ食べる、とんかつ屋で衣をはがして肉だけ食べる、焼き鳥屋で串から外して食べるといった食べ方をした場合に、店として食べ方を指定できるかという問題である。外国人の方などは、単純に文化やマナーの違いとして、うっかりやってしまうことがあるかもしれない。

法律上、店と客は契約の当事者として対等なので、店側としては、誰にどのような条件で食事を提供するか自由である。

したがって、「シャリを残す方お断り」と張り紙でもしておけば、そのルールを守らない方には来店を断ることもできる。高級店でドレスコートを指定したり、携帯電話での通話を禁止したりするのと同じことだと考えてもらってよい。

現実にマナー違反があった場合は、その場で退店をお願いするのはかなり冒険なので、一言注意して、それでも無視し続ける方にだけ、今後の来店をお断りするという対応がよいと思う。どうしても守ってほしいルールがあるのであれば、事前に、張り紙やインターネットなどで条件を明記したり、予約・来店時に一言述べておくとよいだろう。

⑤お通し

外国人との文化の違いということでいえば、その最たるものが「お通し」である。

日本では、お酒を頼むと、その「あて」として、お通しがついくるが、日本人であれば、当然の前提だと思っていても、外国人にはそれが通じない。なぜ頼んでいないものにお金を払わなければならないのか、当然サービスではないのか、ということでトラブルになるわけである。

法律的にみると、当然、客は頼んだものに対してのみお金を払えばよいというのが原則だが、実際にはお酒を頼めば当然有料のお通しがついてくる、という暗黙の了解（黙示の合意）があったという形になる。ただ、普通、外国人はその暗黙の了解が通じないため、外国人であって、本当にお通し文化を知らなかったというのであれば、請求することはできない。

また、最近では、あまりお酒を飲まない方も増えているので、トラブル予防という意味では、お通しは当たり前にせず、一言確認をしておいた方が無難である。

⑥無銭飲食

古典的であるが、現在でも横行するトラブルが、無銭飲食である。法律的には、当然、支払ってもらうことができるし、最初から支払うつもりがなかったのであれば、詐欺罪に当たる可能性もある。

器物損壊の場合同様に、個人情報を預かることは当然として、無銭飲食の場合は、金額も大きくないので、携帯電話や貴重品の一部を預かっておいて、すぐにお金を持ってきてもらうという対応もよく行われている。

後払いにして連絡が取れない場合は、警察に相談してもよい。現実問題としては、元から一切の預貯金などもなく一文無し状態だったり、繰り返しているというような事情がない限り、「最初は払うつもりだった」という弁解を覆せず、詐欺罪で立件されるケースは少ない。警察の事情聴取の段階で、通常は、支払ってくれることがほとんどだろう。

⑦ドタキャン

ドタキャンやノーショー（無断キャンセル）は、以前からあった問題だが、最近では、インターネットやラインなど、予約方法の簡易化、多様化によって、キャンセルも頻発に起きているようである。また、店側が、悪質なキャンセルに声を上げるようになり、世間に注意喚起しようとしていることも一つの原因だと思われる。

予約も合意の一つなので、客側から一方的なキャンセルはできないし、債務不履行として損害賠償を求めることができる。

損害については、その席が空いていれば得られたであろう利益や、食材費、人件費など、色々とあるが、いざ具体的に計算しようとすると、かなり複雑なため、損害賠償額の予定として、キャンセル料を事前に定めておく必要がある。

もちろん、キャンセル料を定めておくことや、キャンセル料が発生するタイミングでのリマインドは、キャンセル自体の予防対策にもなるので、必ず定めておくようにしていただきたい。

⑧ストーカー

客が従業員（特に女性）に付きまとうストーカー行為や、店内でのセクシャルハラスメント的な言動は、顧客トラブルの中でも最も深刻なものの一つである。嫌がらせが続けば、当該従業員が退職してしまう可能性があるし、そうなれば、従業員を守れない職場ということで、他の従業員の士気も下がることになる。

ただ、客側としては、あまり意識せずにそのような行為をしている場合があるので、まずは、当該従業員に、事実関係を細かくヒアリングしておく必要がある。中には、恐怖感から、問題行為の内容を誇張してしまう場合もあるので、嫌がらせなどの問題行為の現場そのものを、間接的にでも確認すべきである。もちろん、その場でその客に警告してもよいだろう。

基本的には、まず問題行為をやめてもらうように警告するとともに、今後の出入りを禁止することになるが、商業施設の場合、共用部分など、施設そのものの管理権限は、個別の店舗にはないので、商業施設の担当者ともよく話し合っておくべきである。

私が以前対応したケースでも、お店の店長、本社の担当役員だけでなく、商業施設の担当者と警備員など、全体で対応を進め、無事、解決することができた例がある。

どうしても話を聞かなければ、威力業務妨害やストーカー規制法違反などで、警察に被害相談するべきである。

*

顧客対応には、「これ」という絶対的な答えがない。それでも、リスクを下げ、致命的なトラブルに発展させないことはできる。

個々の従業員による個別の対応では、高い水準の顧客対応を、店全体として提供することができない。

したがって、顧客対応についてはマニュアル化した上で、従業員教育を施し、その実行を徹底することが重要である。

◆トラブルに備える◆

飲食店の危機管理【対策マニュアル】BOOK

発行日　2018年12月1日　初版発行

著　者　神村《かみむら》護《まもる》／赤土《あかど》亮二《りょうじ》／石崎《いしざき》冬貴《ふゆき》

発行者　早嶋　茂
制作者　永瀬正人
発行所　株式会社旭屋出版
〒107－0052
東京都港区赤坂1-7-19　キャピタル赤坂ビル8階

電話　03-3560-9065（販売部）
　　　03-3560-9066（編集部）
FAX　03-3560-9071

郵便振替　00150-1-19572

旭屋出版ホームページ　http://www.asahiya-jp.com

デザイン　株式会社スタジオゲット

印刷・製本　株式会社シナノ

ISBN978-4-7511-1336-3　C2034